FAST PASS TOPIK I 실전 모의고사

문제집

다락원

서문

학기마다 새롭게 만나는 학생들이 자기소개를 할 때면 다들 'TOPIK 5급'을 받고 싶다는 포부를 밝힙니다. 물론 학생들에게 TOPIK 급수는 매우 중요하다고 할 수 있습니다. 높은 급수를 받을수록 선택의 폭이 넓어지니까요. 대학이나 직장에 들어갈 때 선택지도 많아지고, 대학 입학 시 받을 수 있는 장학금의 액수도 차이 나고요. 그러니 학생들이 하나같이 TOPIK을 신경쓰는 것이 이해되기도 합니다.

그렇지만, 모든 학생들이 한국어를 공부하기 시작하면서부터 높은 급수를 받기를 원하는 것은 아닙니다. 하루는 어학원의 1급 과정을 막 마친 한 학생이 찾아왔습니다.

"토픽 초급 교재가 필요해요. 그런데 왜 책들 다 어려워요?"

TOPIK 2급을 목표로 공부하고 있는데 TOPIK Ⅰ, 그러니까 한국어 초급 학생을 위한 TOPIK 교재를 구하기 어렵다고 말하는 것이었습니다. 그러고 보면 이 학생처럼 TOPIK Ⅰ에 응시하는 학생도 적지 않습니다. 한국 유학을 준비하면서 본국에서 TOPIK Ⅰ 시험을 필수로 치러야 하는 국가의 학생들도 있고, 한국에서 어학연수 중 시간제 취업을 위해 TOPIK Ⅰ 시험을 준비하는 학생들도 있으니까요.

사실 TOPIK Ⅱ 보단 적지만, 시중에서도 TOPIK Ⅰ 교재를 쉽게 찾아볼 수 있습니다. 하지만 많은 교재들이 특히 해설이나 지문에서 TOPIK Ⅰ 수준보다 어려운 어휘나 문법을 사용하고 있습니다.

그래서 저희는 오로지 1~2급 수준의 어휘와 문법만 사용하여 집필하였습니다. 모든 기출 문제를 철저히 분석하여, 기출 문제와 최대한 비슷한 난도로 구성하였고요. 실제 시험과 최대한 비슷한 수준의 문제를 풀고 나서, 역시 1~2급의 어휘와 문법으로 풀어 쓴 해설을 보면서 스스로 복습한다면, 실전 감각을 향상시키는 데에 매우 큰 도움이 되리라 생각하였습니다.

"FAST PASS TOPIK Ⅰ 실전 모의고사"로 준비하여 TOPIK Ⅰ에서 고득점을, 그리고 이후에는 "FAST PASS TOPIK Ⅱ 실전 모의고사"로 TOPIK Ⅱ에서도 빠르게 높은 점수를 얻기를 바랍니다. 여러분의 '빠른 합격(FAST PASS)'으로 가는 여정에 저희가 항상 함께하겠습니다.

저자진 일동

Preface

Every semester, when new students introduce themselves, they all state that they wish to receive a level 5 score on the TOPIK. Of course, TOPIK levels are extremely important to students. The higher the level they receive, the wider the range of choices they have. There are more options when entering university or the workplace, and there is also a difference in the amount of scholarships they can receive when enrolling in college. So, it is understandable that all students care about TOPIK.

However, not all students want to receive a high-level score when they start studying Korean. One day, a student who had just finished Level 1 at a language institute said this:

"I need a beginner-level TOPIK textbook. But why are all the books so difficult?"

The student was studying with the goal of reaching TOPIK Level 2, but they said they were having trouble finding a TOPIK textbook meant for beginner-level Korean students. Come to think of it, there are quite a few students who are taking TOPIK I like this student. There are students who are required to take the TOPIK I exam in their home countries as they prepare to study abroad in Korea, and there are also students who prepare to take the TOPIK I exam in order to get a part-time job while they study abroad in Korea.

In fact, although there are fewer TOPIK I books than TOPIK II, you can easily find TOPIK I textbooks on the market. However, many textbooks use vocabulary words and grammatical structures that are more difficult than the TOPIK I level, particularly in the explanations and texts.

Therefore, we wrote this book using only level 1-2 vocabulary words and grammatical structures. We thoroughly analyzed all the questions from previous exams and composed this book with the same difficulty level. If students solve questions that are as close to the actual exam as possible and review them while referencing explanations that are written with level 1-2 vocabulary and grammar, we believe it will be a great help in improving students' sense of the actual exam.

We hope that you will use "*FAST PASS TOPIK I*" to receive a high score on the TOPIK I exam, and then quickly achieve a high score on TOPIK II using "*FAST PASS TOPIK II*." We will always be with you on your journey to "FAST PASS" your way to an excellent score.

The authors

01 이 책의 활용법

이 책은 한국어능력시험(TOPIK) I 를 준비하는 외국인 한국어 학습자를 위한 실전 모의고사 문제집입니다. 실제 TOPIK I 시험과 동일한 총 3회분의 실전 모의고사가 수록되어 있어 더 철저하게 시험에 대비할 수 있습니다. 정답과 상세한 해설뿐만 아니라 듣기 문제 MP3 파일과 저자의 문제 유형별 해설 강의 동영상을 무료로 제공합니다.

실전 모의고사

개편된 TOPIK I 출제 경향을 분석하여 실제 TOPIK 문제와 동일한 유형의 문제를 제공합니다. 시험 바로 전에 빠르게 실전 경험을 쌓을 수 있도록 총 3회분의 모의고사를 수록하였습니다. TOPIK에서 자주 다루는 주제와 소재를 문제 유형에 맞게 구성함으로써 학습자가 TOPIK 시험을 더욱 꼼꼼하게 준비할 수 있도록 하였습니다.

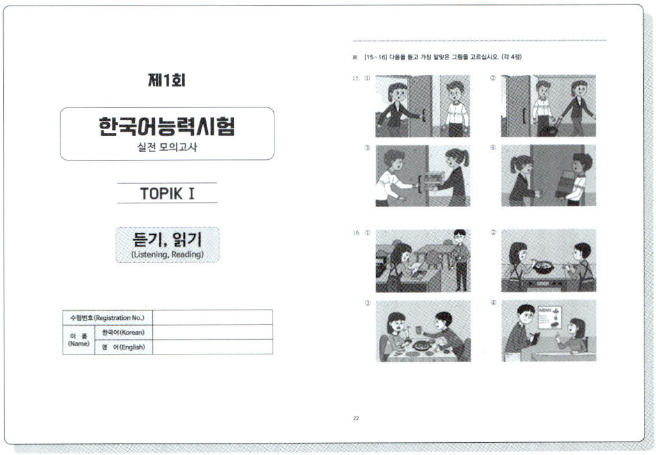

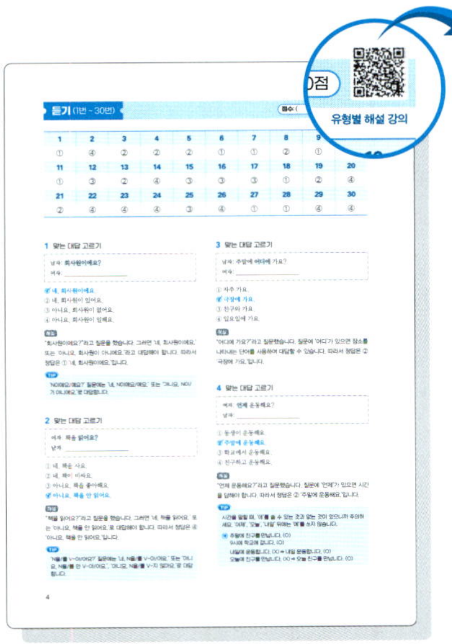

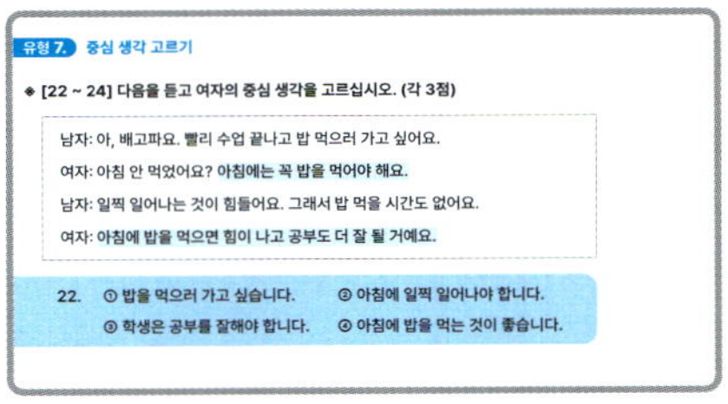

문제 유형별 해설 강의

모의고사 1회에 실린 문제로 풀이하는 유형별 해설 강의를 무료로 제공합니다. 저자가 직접 강의한 동영상으로 최신 문제 유형을 이해하고 시험 문제를 전략적으로 풀 수 있도록 하였습니다. "문제집"의 목차 또는 "정답 및 해설집"의 목차 1회 첫 페이지에 있는 QR로 학습자는 빠르게 동영상을 열어볼 수 있습니다.

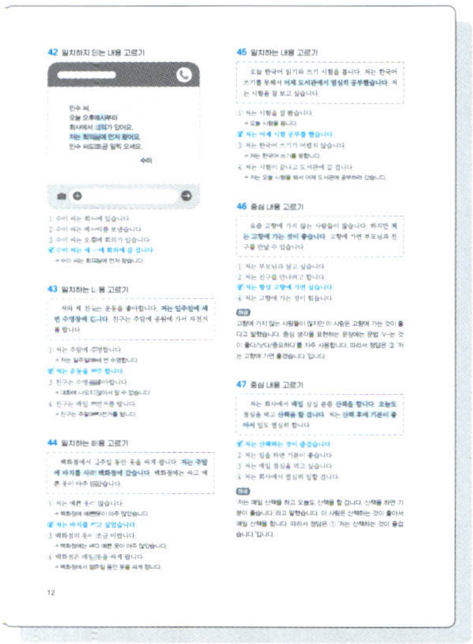

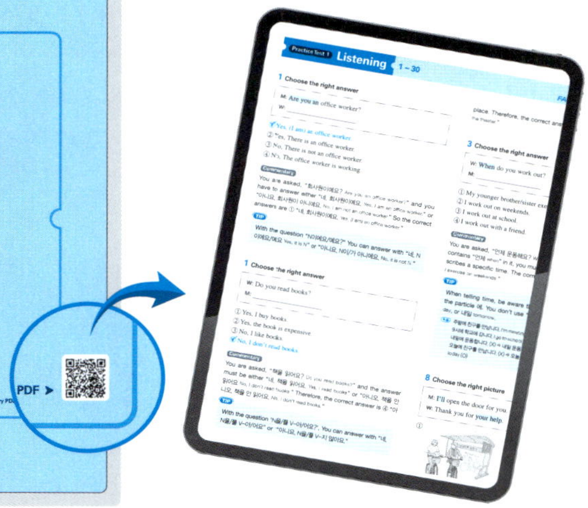

정답 및 해설집

문지집과 별도로 구성된 "정답 및 해설"에는 정답과 함께 상세한 해설을 수록하였습니다. 각 문제의 유형을 표시하고 구체적인 문제 풀이 방법을 제시하여 학습 시 유형화를 통한 빠른 문제 풀이가 가능하게 하였습니다. 지문에서 정답의 힌트가 되는 핵심적인 부분을 음영과 밑줄로 표시하여 학습자의 이해를 도왔습니다. 또 한국어보다 영어가 편한 학습자를 위해 각 회차의 도입 페이지 하단 QR을 통해 영어 해설 PDF를 다운받아 참고할 수 있도록 했습니다.

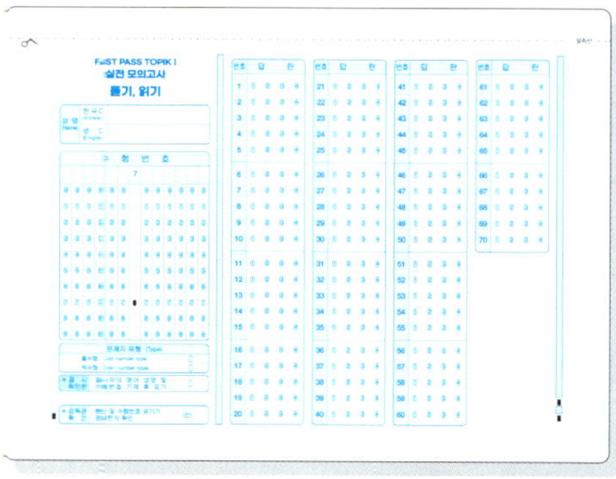

실전용 OMR 카드

시험을 앞둔 학습자가 실제 시험과 동일한 방법으로 시험에 대비할 수 있도록 OMR 카드를 수록하였습니다. 실제 시험에서 사용되는 OMR 카드와 동일하게 작성법과 유의 사항이 기재되어 있어 시험장에 가기 전에 미리 참고할 수 있습니다. 각 회의 모의고사를 풀 때 한 장씩 잘라서 사용할 수 있도록 "정답 및 해설"의 뒷부분에 수록하였습니다.

How to Use this Book

This book is a compilation of practice tests for foreign students of Korean who are preparing for the Test of Proficiency in Korean (TOPIK) I. It contains three practice tests that are identical to the actual TOPIK I test to enable students to prepare for the test more thoroughly. In addition to the answer key and detailed explanations, the book also provides free MP3 files of the listening questions and lecture videos of the authors explaining each type of question.

✖ Full-length practice tests

We analyzed trends in the revised TOPIK I exam to provide the same types of questions that are used on the actual TOPIK exam. We have included a total of three full-length practice tests so students can quickly gain practical experience right before taking the exam. We have organized the topics and subjects that are frequently covered on the TOPIK according to the different types of questions so students can more thoroughly prepare for the TOPIK exam.

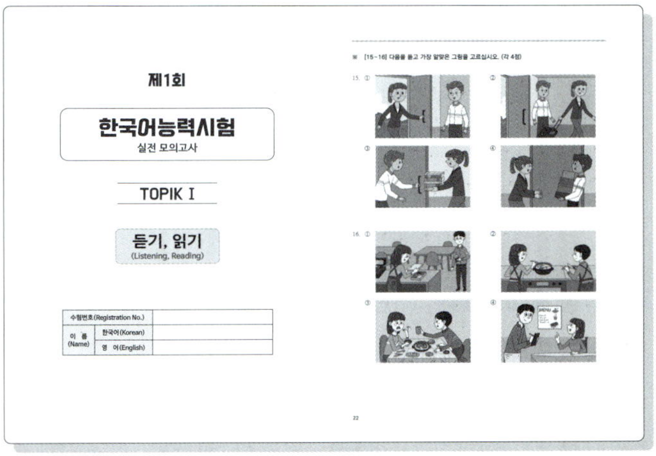
제1회

한국어능력시험
실전 모의고사

TOPIK I

듣기, 읽기
(Listening, Reading)

수험번호(Registration No.)		
이 름 (Name)	한국어(Korean)	
	영 어(English)	

※ [15~16] 다음을 듣고 가장 알맞은 그림을 고르십시오. (각 4점)

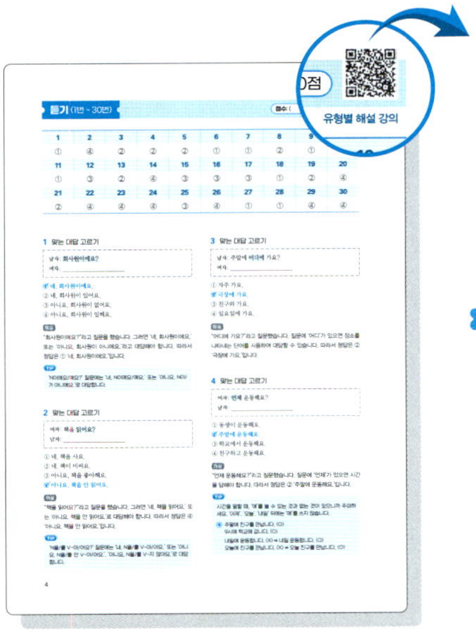

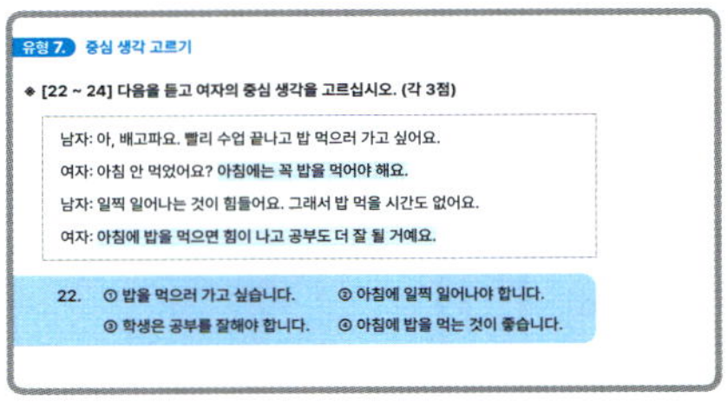
유형 7. 중심 생각 고르기

◆ [22 ~ 24] 다음을 듣고 여자의 중심 생각을 고르십시오. (각 3점)

남자: 아, 배고파요. 빨리 수업 끝나고 밥 먹으러 가고 싶어요.
여자: 아침 안 먹었어요? 아침에는 꼭 밥을 먹어야 해요.
남자: 일찍 일어나는 것이 힘들어요. 그래서 밥 먹을 시간도 없어요.
여자: 아침에 밥을 먹으면 힘이 나고 공부도 더 잘 될 거예요.

22. ① 밥을 먹으러 가고 싶습니다. ② 아침에 일찍 일어나야 합니다.
③ 학생은 공부를 잘해야 합니다. ④ 아침에 밥을 먹는 것이 좋습니다.

✖ Explanatory lectures specific to each question type

We provide a free type-specific explanatory lecture that covers the questions included in the first practice test. The lecture video direct from the author helps students understand the latest question types and how to strategically solve the test questions. Students can quickly access the video from the table of contents of the test booklet, the table of contents from the "Answer Key and Commentary" booklet, or the QR code on the first page of the first test.

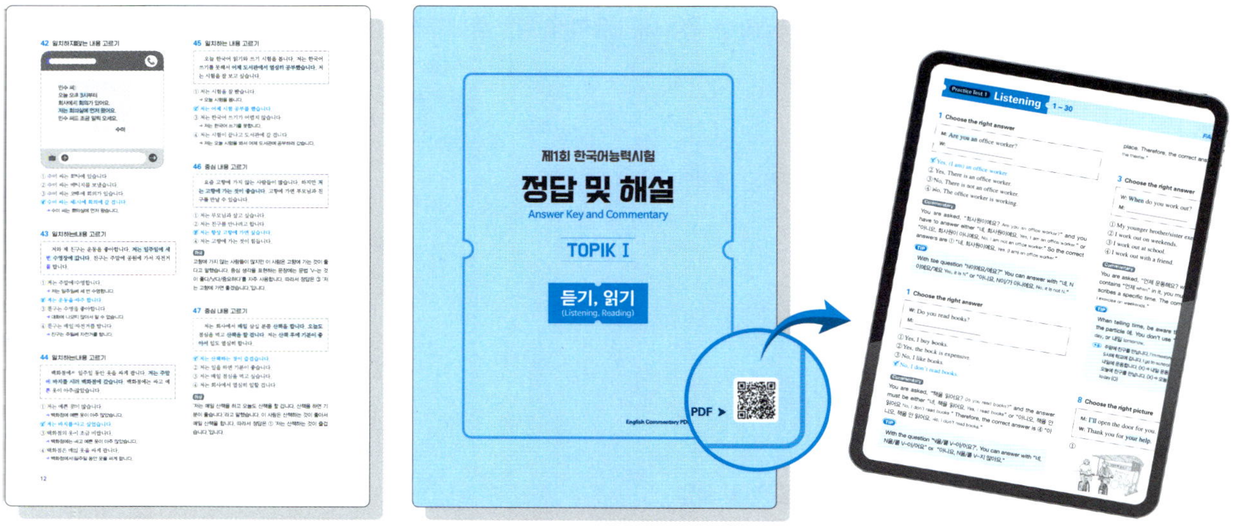

Answer Key and Commentary

The "Answer Key and Commentary," which is separate from the practice test booklet, includes detailed explanations along with the correct answers. It indicates the type of each question and provides specific problem-solving methods for each one, enabling students to quickly answer questions through categorization during their studying. Key parts in the text that give hints for the correct answer are shaded and underlined to aid students' comprehension. In addition, for students who are more comfortable with English than Korean, an English explanation PDF can be downloaded and referenced using the QR code at the bottom of the introduction page of each section.

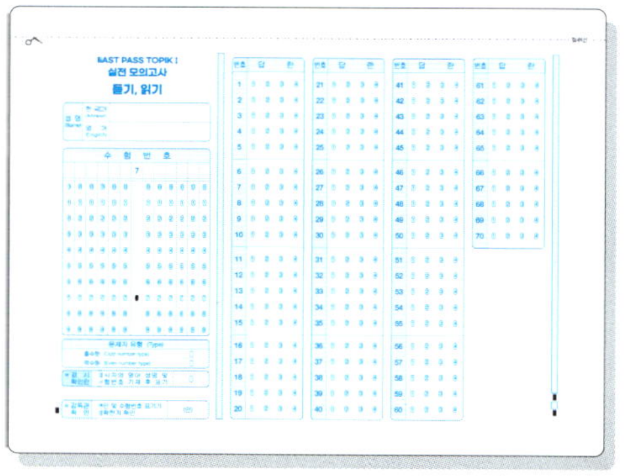

OMR Cards for Practice

We have included OMR cards so that students who are preparing for the exam can practice in the same way as the actual exam. The same writing methods and precautions are written on the OMR cards used for the actual exam, so students can refer to them in advance before going to the exam room. We have included them at the back of the "Answer Key and Commentary" so students can cut them out one at a time and use them while taking each of the practice tests.

한국어 능력시험 TOPIK 안내

TOPIK 시험 목적

- 한국어를 모국어로 하지 않는 재외 동포·외국인의 한국어 학습 방향 제시 및 한국어 보급 확대
- 한국어 사용 능력을 측정·평가하여 그 결과를 국내 대학 유학 및 취업 등에 활용

TOPIK 응시 대상

- 한국어를 모국어로 하지 않는 재외 동포 및 외국인

TOPIK 유효 기간

- 성적 발표일로부터 2년간 유효

TOPIK 시험의 주요 활용처

- 외국인 및 재외 동포의 국내 대학(원) 입학 및 졸업
- 국내/외 기업체 및 공공 기관 취업
- 영주권/취업 등 체류 비자 취득
- 정부 초청 외국인 장학생 프로그램 진학 및 학사관리
- 국외 대학의 한국어 관련 학과 학점 및 졸업 요건

TOPIK PBT 안내

1. 시험 수준 및 등급

- 시험 수준: TOPIK I, TOPIK II
- 평가 등급: 6개 등급(1 ~ 6급)

구분	TOPIK I		TOPIK II			
	1급	2급	3급	4급	5급	6급
등급 결정	80 ~ 139	140 ~ 200	120 ~ 149	150 ~ 189	190 ~ 229	230 ~ 300

2. 시험 시간표

구분	교시	영역	한국			시험 시간 (분)
			입실 완료 시간	시작	종료	
TOPIK I	1교시	듣기 읽기	09:20까지	10:00	11:40	100
TOPIK II	1교시	듣기 쓰기	12:20까지	13:00	14:50	110
	1교시	읽기	15:10까지	15:20	16:30	70

※ TOPIK I은 1교시만 실시함.
※ 해외 시험 시간은 현지 접수 기관에 문의하시기 바랍니다.

3. 시험 응시료 (한국 기준)

- TOPIK I: 40,000원, TOPIK II: 55,000원

4. 수준별 문제 구성

시험 수준	교시	영역(시간)	유형	문항수	배점	총점
TOPIK I	1교시	듣기(40분)	선택형	30	100	200
		읽기(60분)	선택형	40	100	
TOPIK II	1교시	듣기(60분)	선택형	50	100	300
		쓰기(50분)	서답형	4	100	
	2교시	읽기(70분)	선택형	50	100	

TOPIK IBT 안내

인터넷 기반 시험으로 종이 기반 TOPIK 시험(PBT)과 등급 체계와 효력이 동일합니다.

1. 시험 수준 및 등급

- 시험 수준: TOPIK I, TOPIK II
- 평가등급: 6개 등급(1 ~ 6급)

구분	토픽 I		토픽 II			
	1급	2급	3급	4급	5급	6급
등급 결정	121 ~ 235	236 ~ 400	191 ~ 290	291 ~ 360	361 ~ 430	431 ~ 600

2. 시험 시간표

시험 구분	영역	한국 기준				시험 시간 (분)
		입실 시작 시간	입실 완료 시간	시작	시험 종료	
토픽 I IBT	듣기 (30분) 읽기 (40분)	08:30	08:50	09:30	10:40	70분
토픽 II IBT	듣기 (35분) 읽기 (40분) 쓰기 (50분)	12:00	12:20	13:00	15:05	125분

- 국외 한국어능력시험 (토픽 I , 토픽 II) IBT 평가 시간은 국외 현지 시행기관에 확인하시기 바랍니다.
- 시험 시작 40분 이전까지 시험실에 입실해야 합니다. 입실 완료 시간 후에는 시험실 입실이 불가하므로 여유 있게 입실하여 주시기 바랍니다.
- 시험 시작 이후, 시험 종료 시까지 원칙적으로 퇴실이 불가하며, 중도 퇴실자는 시험 종료 시까지 별도 공간에서 대기해야 합니다.
- 중도 퇴실자는 성적이 나오지 않습니다.
- 시험 시간 도중 질병 등의 사유로 퇴실 및 재입실시 (복도) 감독관에게 확인받아야 합니다.
- 시험 종료 후 시험실 감독관의 지시가 있을 때까지 퇴실할 수 없습니다.
- 한국어능력시험 (토픽 I , 토픽 II) IBT 평가는 시험 중간에 휴식 시간이 없습니다.

3. 시험 응시료 (한국 기준)

- TOPIK I IBT: 70,000원, TOPIK II IBT: 95,000원

4. 수준별 문제 구성

시험 수준	영역	평가 영역별 시험 시간	평가 영역별 문제수	평가 영역별 만점	총점
토픽 I	듣기	30분	26문제	200점	400
	읽기	40분	26문제	200점	
토픽 II	듣기	35분	30문제	200점	600
	쓰기	40분	30문제	200점	
	읽기	50분	3문제	200점	

TOPIK 시험 등급별 문제 구성

시험 수준	등급	평가 기준
TOPIK I	1급	• '자기소개하기, 물건 사기, 음식 주문하기' 등 생존에 필요한 기초적인 언어 기능을 수행할 수 있으며 '자기 자신, 가족, 취미, 날씨' 등 매우 사적이고 친숙한 화제에 관련된 내용을 이해하고 표현할 수 있다. • 약 800개의 기초 어휘와 기본 문법에 대한 이해를 바탕으로 간단한 문장을 생성할 수 있다. • 간단한 생활문과 실용문을 이해하고, 구성할 수 있다.
	2급	• '전화하기, 부탁하기' 등의 일상생활에 필요한 기능과 '우체국, 은행' 등의 공공시설 이용에 필요한 기능을 수행할 수 있다. • 약 1,500~2,000개의 어휘를 이용하여 사적이고 친숙한 화제에 관해 문단 단위로 이해하고 사용할 수 있다. • 공식적 상황과 비공식적 상황에서의 언어를 구분해 사용할 수 있다.
TOPIK II	3급	• 일상생활을 영위하는 데 별 어려움을 느끼지 않으며, 다양한 공공시설의 이용과 사회적 관계 유지에 필요한 기초적 언어 기능을 수행할 수 있다. • 친숙하고 구체적인 소재는 물론, 자신에게 친숙한 사회적 소재를 문단 단위로 표현하거나 이해할 수 있다. • 문어와 구어의 기본적인 특성을 구분해서 이해하고 사용할 수 있다.
	4급	• 공공시설 이용과 사회적 관계 유지에 필요한 언어 기능을 수행할 수 있으며, 일반적인 업무 수행에 필요한 기능을 어느 정도 수행할 수 있다. • 또한 '뉴스, 신문 기사' 중 비교적 평이한 내용을 이해할 수 있다. 일반적인 사회적·추상적 소재를 비교적 정확하고 유창하게 이해하고, 사용할 수 있다. • 자주 사용되는 관용적 표현과 대표적인 한국 문화에 대한 이해를 바탕으로 사회·문화적인 내용을 이해하고 사용할 수 있다.
	5급	• 전문 분야에서의 연구나 업무 수행에 필요한 언어 기능을 어느 정도 수행할 수 있다. • '정치, 경제, 사회, 문화' 전반에 걸쳐 친숙하지 않은 소재에 관해서도 이해하고 사용할 수 있다. • 공식적, 비공식적 맥락과 구어적, 문어적 맥락에 따라 언어를 적절히 구분해 사용할 수 있다.
	6급	• 전문 분야에서의 연구나 업무 수행에 필요한 언어 기능을 비교적 정확하고 유창하게 수행할 수 있다. • '정치, 경제, 사회, 문화' 전반에 걸쳐 친숙하지 않은 주제에 관해서도 이해하고 사용할 수 있다. • 원어민 화자의 수준에는 이르지 못하나 기능 수행이나 의미 표현에는 어려움을 겪지 않는다.

TOPIK II 쓰기 영역 작문 문항 평가 범주 (PBT 기준)

문항	평가 범주	평가 내용
51-52	내용 및 과제 수행	- 제시된 과제에 맞게 적절한 내용으로 썼는가?
	언어 사용	- 어휘와 문법 등의 사용이 정확한가?
53-54	내용 및 과제 수행	- 주어진 과제를 충실히 수행하였는가? - 주제에 관련된 내용으로 구성하였는가? - 주어진 내용을 풍부하고 다양하게 표현하였는가?
	글의 전개 구조	- 글의 구성이 명확하고 논리적인가? - 글의 내용에 따라 단락 구성이 잘 이루어졌는가? - 논리 전개에 도움이 되는 담화 표지를 적절하게 사용하여 조직적으로 연결하였는가?
	언어 사용	- 문법과 어휘를 다양하고 풍부하게 사용하며 적절한 문법과 어휘를 선택하여 사용하였는가? - 문법, 어휘, 맞춤법 등의 사용이 정확한가? - 글의 목적과 기능에 따라 격식에 맞게 글을 썼는가?

TOPIK Information

✖ TOPIK Purpose of test

- To support Korean language learners and promote global use of the Korean language
- To assess Korean proficiency and provide valid certification for college admissions, job applications, and more

✖ TOPIK Eligibility

- Non-native speakers of Korean, including overseas Koreans and foreigners

✖ TOPIK Validity Period

- Valid for two years from the announcement of the test score

✖ TOPIK Potential Uses

- Used as an admission or graduation requirement by universities in Korea.
- Required for employment in companies and public institutions in Korea and abroad.
- Utilized for visa applications for permanent residency, work permits, etc.
- Required for participation in the Global Korea Scholarship (GKS) program.
- Recognized as substitute credits or graduation requirements in Korean language programs abroad.

✖ TOPIK PBT Information

1. Test Levels and Sublevels

- Levels: TOPIK I(Levels 1-2), TOPIK II(Levels 3-6)

	TOPIK I		TOPIK II			
	Level 1	Level 2	Level 3	Level 4	Level 5	Level 6
Score Range	80 – 139	140 – 200	120 – 149	150 – 189	190 – 229	230 – 300

2. Test Timetable

Test Type	Period	Section	Korea			Duration (min)
			Must enter the room by	Exam Start	Exam End	
TOPIK I	1	Listening, Reading Comprehension	09:20	10:00	11:40	100
TOPIK II	1	Listening, Writing	12:20	13:00	14:50	110
	2	Reading Comprehension	15:10	15:20	16:30	70

※ There is only one period for TOPIK I.

※ If you are taking the test outside Korea, contact your local TOPIK registration center for the exact test time.

3. Registration fee (in Korea)

- TOPIK I PBT: KRW 40,000, TOPIK II PBT: KRW 55,000

4. Test Composition

Type	Period	Section	Question Type	Number of Questions	Score per Section	Total Score
TOPIK I	1	Listening	Multiple choice	30	100	200
		Reading Comprehension	Multiple choice	40	100	
TOPIK II	1	Listening	Multiple choice	50	100	300
		Writing	Subjective	4	100	
	2	Reading Comprehension	Multiple choice	50	100	

TOPIK IBT Information

Test of Proficiency in Korean with the same effectiveness and rating system as the Paper-Based TOPIK

1. Test Levels and Sublevels

- Levels: TOPIK I(Levels 1-2), TOPIK II(Levels 3-6)

	TOPIK I		TOPIK II			
	Level 1	Level 2	Level 3	Level 4	Level 5	Level 6
Score Range	121 – 235	236 – 400	191 – 290	291 – 360	361 – 430	431 – 600

2. Test Timetable

Test Type	Section	Korean standards				Duration (min)
		Check-in Start	Check-in End	Exam Start	Exam End	
TOPIK I IBT	Listening (30 minutes) Reading (40 minutes)	08:30	08:50	09:30	10:40	70
TOPIK II IBT	Listening (35 minutes) Reading (40 minutes) Writing (50 minutes)	12:00	12:20	13:00	15:05	125

- For test times outside Korea, please contact your local TOPIK registration center.
- You must enter the test room 40 minutes before the start of the exam. Late arrivals will not be admitted after the check-in deadline, so make sure to check in with enough time.
- In principle, you are not allowed to leave the room after the test begins until the end of the test. Examinees who leave the room during the test will be asked to wait in a separate area.
- Test scores will not be issued to those who leave before completing the test.
- Check with the (corridor) supervisor when you leave and re-enter the room due to illness, etc., during the exam.
- You cannot leave the room after the exam until instructed by the room supervisor.
- TOPIK IBT(TOPIK I, TOPIK II) does not allow the break time in the middle of the exam.

3. Registration fee (Korean standard)

- TOPIK I IBT: KRW 70,000, TOPIK II IBT: KRW 95,000

4. Test Composition

Type	Section	Duration (min)	Number of Questions	Score per Section	Total Score
TOPIK I	Listening	30	26	200	400
	Reading Comprehension	40	26	200	
TOPIK II	Listening	35	30	200	600
	Reading Comprehension	40	30	200	
	Writing	50	3	200	

✖ TOPIK Evaluation Criteria by Proficiency Level

Type	Level	Evaluation Criteria
TOPIK I	1	• The individual can use basic language skills necessary for everyday activities, such as introducing himself/herself shopping, and ordering food, understanding and expressing himself/herself when talking about himself/herself, his/her family or pastimes, the weather, or other casual or familiar topics. • He/she knows around 800 basic words and can form simple sentences with an understanding of basic grammar. • He/she is also able to understand and produce practical and simple sentences commonly used in daily life.
	2	• The individual has language skills necessary for everyday life, including making phone calls, asking for a favor, and using facilities such as the post office, bank, or public services. • He/she knows approximately 1,500 to 2,000 words and can understand and compose paragraphs about casual or familiar topics. • He/she can also distinguish which linguistic form to use in formal and informal situations.
TOPIK II	3	• The individual has no problem performing normal, day-to-day activities and possesses the basic language skills necessary for using various public facilities and maintaining interpersonal relationships. • He/she can understand and express himself/herself regarding not only familiar and specific topics but also familiar social issues in paragraphs. • He/she can distinguish the basic features of colloquial language and literary language and understand and use both forms.
	4	• The individual has the language skills to use various public facilities and maintain interpersonal relationships and apply these skills to some degrees in work-related situations. • He/she can understand news broadcasts and newspaper articles written in relatively plain language. • He/she can understand and express himself/herself on general social issues or abstract material with relative accuracy and fluency. • He/she can understand and express social and cultural issues based on an understanding of commonly used idiomatic expressions and representative Korean culture.
	5	• The individual can use the language skills professionally or for research in a specialized field to a certain extent. • He/she can understand and express himself/herself regarding unfamiliar topics concerning politics, the economy, culture, and so on. • He/she can appropriately use different forms of language according to the context and situation (e.g. formal/informal and colloquial/literary).

	6	• The individual can use the language skills professionally or for research in a specialized field in a relatively accurate and fluent manner. • He/she can understand and express himself/herself regarding unfamiliar topics concerning politics, the economy, culture, and so on. • Although he/she may not be able to speak as a fluently as a native Korean speaker, he/she has no trouble expressing himself/herself as intended.

✖ TOPIK II Evaluation Criteria for the Writing Section (PBT)

Questions	Evaluation Category	Specific Criteria
51-52	Content and task performance	- Was it written appropriately according to the given topic?
	Command of the language	- Was it written in a lexically and grammatically correct way?
53-54	Content and task performance	- Did the writer stay faithful to the given topic? - Was the content relevant to the topic? - Was the content rich with diverse expression?
	Structure and composition	- Was it written in a clear and logical way? - Was it properly divided into paragraphs? - Were transition/linking words used adequately to ensure a smooth flow from one idea to the next?
	Command of the language	- Was the laguage lexically and grammatically rich and diverse, and did the writer make appropriate choices in vocabulary and grammar? - Did the writer apply grammar rules correctly and was the use of vocabulary and spelling accurate? - Did the writer use an appropriate register and style according to the purpose and function of writing?

목 차

유형별 해설 강의

듣기

읽기

제1회

한국어능력시험

실전 모의고사

TOPIK Ⅰ

듣기, 읽기

(Listening, Reading)

수험번호(Registration No.)		
이 름 (Name)	한국어(Korean)	
	영 어(English)	

유 의 사 항

Information

1. 시험 시작 지시가 있을 때까지 문제를 풀지 마십시오.
   Do not open the booklet until you are allowed to start.

2. 수험번호와 이름을 정확하게 적어 주십시오.
   Write your name and registration number on the answer sheet.

3. 답안지를 구기거나 훼손하지 마십시오.
   Do not fold the answer sheet; keep it clean.

4. 답안지의 이름, 수험번호 및 정답의 기입은 배부된 펜을 사용하여 주십시오.
   Use the given pen only.

5. 정답은 답안지에 정확하게 표시하여 주십시오.
   Mark your answer accurately and clearly on the answer sheet.

   marking example ① ● ③ ④

6. 문제를 읽을 때에는 소리가 나지 않도록 하십시오.
   Keep quiet while answering the questions.

7. 질문이 있을 때에는 손을 들고 감독관이 올 때까지 기다려 주십시오.
   When you have any questions, please raise your hand.

TOPIK Ⅰ 듣기 (1번 ~ 30번)

※ **[1 ~ 4] 다음을 듣고 〈보기〉와 같이 물음에 맞는 대답을 고르십시오.**

〈보 기〉

가: 공책이 있어요?

나: ____________________

❶ 네, 공책이 있어요. ② 네, 공책을 사요.

③ 아니요, 공책에 써요. ④ 아니요, 공책이 작아요.

1. (4점)

① 네, 회사원이에요. ② 네, 회사원이 있어요.

③ 아니요, 회사원이 없어요. ④ 아니요, 회사원이 일해요.

2. (4점)

① 네, 책을 사요. ② 네, 책이 비싸요.

③ 아니요, 책을 좋아해요. ④ 아니요, 책을 안 읽어요.

3. (3점)

① 자주 가요. ② 극장에 가요.

③ 친구와 가요. ④ 일요일에 가요.

4. (3점)

① 동생이 운동해요. ② 주말에 운동해요.

③ 학교에서 운동해요. ④ 친구하고 운동해요.

※ [5~6] 다음을 듣고 〈보기〉와 같이 이어지는 말을 고르십시오.

〈보 기〉

가: 안녕히 계세요.

나: ______________________

① 축하합니다. ② 모르겠습니다.

❸ 안녕히 가세요. ④ 처음 뵙겠습니다.

5. (4점)

① 실례합니다. ② 반갑습니다.

③ 고맙습니다. ④ 환영합니다.

6. (3점)

① 네, 그런데요. ② 네, 어서 오세요.

③ 네, 다녀오겠습니다. ④ 네, 전화 바꿨습니다.

※ [7~10] 여기는 어디입니까? 〈보기〉와 같이 알맞은 것을 고르십시오.

〈보 기〉

가: 내일까지 숙제를 꼭 내세요.

나: 네, 선생님.

❶ 교실 ② 공항 ③ 시장 ④ 호텔

7. (3점)

① 공항 ② 식당 ③ 우체국 ④ 정류장

8. (3점)

① 꽃집 ② 약국 ③ 문구점 ④ 백화점

9. (3점)

① 호텔 ② 빵집 ③ 도서관 ④ 백화점

10. (4점)

① 교실 ② 사진관 ③ 옷가게 ④ 여행사

※ **[11~14] 다음은 무엇에 대해 말하고 있습니까? 〈보기〉와 같이 알맞은 것을 고르십시오.**

〈보 기〉

가: 누구예요?

나: 이 사람은 형이고, 이 사람은 동생이에요.

❶ 가족 ② 친구 ③ 부모님 ④ 선생님

11. (3점)

① 가격 ② 날씨 ③ 요일 ④ 나라

12. (3점)

① 고향 ② 여행 ③ 시간 ④ 운동

13. (4점)

① 계획 ② 위치 ③ 취미 ④ 날씨

14. (3점)

① 성격 ② 휴일 ③ 약속 ④ 계절

※ [15~16] 다음을 듣고 가장 알맞은 그림을 고르십시오. (각 4점)

15. ①

②

③

④

16. ①

②

③

④

※ **[17~21] 다음을 듣고 〈보기〉와 같이 대화 내용과 같은 것을 고르십시오. (각 3점)**

〈보　기〉

남자: 요즘 한국어를 공부해요?
여자: 네, 한국 친구한테서 한국어를 배워요.

① 남자는 학생입니다.　② 여자는 학교에 다닙니다.
③ 남자는 한국어를 가르칩니다.　❹ 여자는 한국어를 공부합니다.

17. ① 남자는 동생이 없습니다.
② 여자는 어제 생일이었습니다.
③ 남자는 어제 식당에 갔습니다.
④ 여자는 생일 파티에 갔습니다.

18. ① 여자는 불고기를 좋아합니다.
② 남자는 요리를 배우지 않았습니다.
③ 여자는 어제 불고기를 만들었습니다.
④ 남자는 문화 수업에 가지 않았습니다.

19. ① 남자는 가방을 사지 않았습니다.
② 남자는 검정색 가방을 샀습니다.
③ 남자는 여자에게 사진을 보여 줬습니다.
④ 여자는 남자에게 하얀색 가방을 팔았습니다.

20. ① 남자는 회의 시간을 모릅니다.
② 남자는 회의 준비를 끝냈습니다.
③ 여자는 회의 자료를 만들고 있습니다.
④ 여자는 회의 자료를 보고 싶어 합니다.

※ [17~21] 다음을 듣고 〈보기〉와 같이 대화 내용과 같은 것을 고르십시오. (각 3점)

21. ① 남자는 영화를 봤습니다.
② 여자는 주말에 영화를 보려고 합니다.
③ 여자는 슬픈 영화를 보고 싶어 합니다.
④ 남자는 주말에 여자와 공원에 갈 겁니다.

※ [22~24] 다음을 듣고 여자의 중심 생각을 고르십시오. (각 3점)

22. ① 밥을 먹으러 가고 싶습니다.
② 아침에 일찍 일어나야 합니다.
③ 학생은 공부를 잘해야 합니다.
④ 아침에 밥을 먹는 것이 좋습니다.

23. ① 친구와 같이 여행해야 합니다.
② 산으로 여행을 가면 좋겠습니다.
③ 방학에 여행을 많이 가고 싶습니다.
④ 여름에는 바다에 가는 것이 좋습니다.

24. ① 독서를 많이 하고 싶습니다.
② 피곤하지만 일을 해야 합니다.
③ 피곤할 때는 푹 쉬고 싶습니다.
④ 독서는 매일 하는 것이 좋습니다.

※ [25~26] 다음을 듣고 물음에 답하십시오.

25. 여자가 왜 이 이야기를 하고 있는지 고르십시오. (3점)

① 계단 위치를 가르쳐 주려고
② 계단 이용 시간을 알려 주려고
③ 엘리베이터 청소 시간을 안내하려고
④ 엘리베이터 청소 방법을 설명하려고

26. 들은 내용과 같은 것을 고르십시오. (4점)

① 이 아파트는 내일 계단 청소를 합니다.
② 이 아파트는 엘리베이터가 한 대 있습니다.
③ 이 아파트 엘리베이터 청소는 오전에 끝납니다.
④ 이 아파트 엘리베이터 청소 시간에는 계단을 이용해야 합니다.

※ [27~28] 다음을 듣고 물음에 답하십시오.

27. 두 사람이 무엇에 대해 이야기를 하고 있는지 고르십시오. (3점)

① 운동하면 좋은 시간
② 운동할 때 좋은 장소
③ 운동이 필요한 사람들
④ 운동할 때 조심해야 하는 것

28. 들은 내용과 같은 것을 고르십시오. (4점)

① 운동을 계속 하는 것이 중요합니다.
② 밤보다 아침에 하는 운동이 더 좋습니다.
③ 밤에 운동을 하면 하루가 빨리 끝납니다.
④ 일찍 일어나는 사람은 밤에 운동하면 좋습니다.

※ [29~30] 다음을 듣고 물음에 답하십시오.

29. 여자가 노래를 하게 된 이유를 고르십시오. (3점)

① 상을 계속 받고 싶어서

② 사람들에게서 많은 관심을 받아서

③ 그동안 찍은 영화와 다른 느낌을 주고 싶어서

④ 영화의 분위기를 잘 보여 줄 수 있을 것 같아서

30. 들은 내용과 같은 것을 고르십시오. (4점)

① 여자는 영화 음악을 만들었습니다.

② 여자는 처음으로 상을 받았습니다.

③ 여자는 영화에서 가수로 나왔습니다.

④ 여자는 지금 새로운 영화를 찍고 있습니다.

TOPIK Ⅰ 읽기 (31번 ~ 70번)

※ [31 ~ 33] 무엇에 대한 내용입니까? 〈보기〉와 같이 알맞은 것을 고르십시오. (각 2점)

〈보 기〉

오늘은 월요일입니다. 내일은 화요일입니다.

① 공부 ② 얼굴 ❸ 요일 ④ 계절

31. 아버지와 어머니가 있습니다. 그리고 형도 있습니다.

① 가족 ② 이름 ③ 나이 ④ 시간

32. 저는 영화를 좋아합니다. 영화를 자주 보러 갑니다.

① 나라 ② 시간 ③ 극장 ④ 운동

33. 토요일에 친구를 만납니다. 같이 이야기를 할 겁니다.

① 공부 ② 쇼핑 ③ 회의 ④ 약속

※ [34~39] 〈보기〉와 같이 (   )에 들어갈 말로 가장 알맞은 것을 고르십시오.

〈보 기〉

단어를 모릅니다. (   )을 찾습니다.

① 안경　　② 옷장　　❸ 사전　　④ 지갑

34. (2점)

친구와 (   )에 갑니다. 옷을 삽니다.

① 집　　② 학교　　③ 백화점　　④ 꽃가게

35. (2점)

이메일을 씁니다. 컴퓨터(   ) 보냅니다.

① 로　　② 도　　③ 에　　④ 에게

36. (2점)

시장이 (   ). 사람이 많습니다.

① 맵습니다　　② 비쌉니다　　③ 가깝습니다　　④ 시끄럽습니다

37. (3점)

식당 음식이 맛있습니다. (   ) 손님이 많이 옵니다.

① 항상　　② 전혀　　③ 가끔　　④ 아까

38. (3점)

친구와 노래방에 갑니다. 같이 노래를 (　　　　).

① 칩니다　　② 탑니다　　③ 부릅니다　　④ 걷습니다

39. (2점)

방이 덥습니다. 창문을 (　　　　).

① 쉽니다　　② 엽니다　　③ 만듭니다　　④ 읽습니다

※ **[40~42] 다음을 읽고 맞지 않는 것을 고르십시오. (각 3점)**

40.

****

서울 마트

****

☎02-3890-0822
2026.02.03.

우유	1,200원
과자	2,000원
	3,200원

① 과자를 샀습니다.
② 우유는 천이백 원입니다.
③ 이월에 가게에 갔습니다.
④ 마트 전화번호가 없습니다.

※ [40~42] 다음을 읽고 맞지 <u>않는</u> 것을 고르십시오. (각 3점)

41.

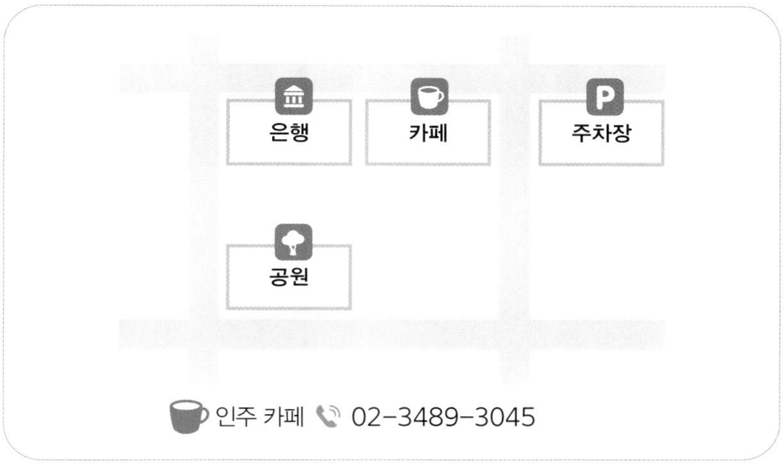

① 카페 옆에 은행이 있습니다.
② 공원 안에 카페가 있습니다.
③ 카페에 전화할 수 있습니다.
④ 카페 건너편에 주차장이 있습니다.

42.

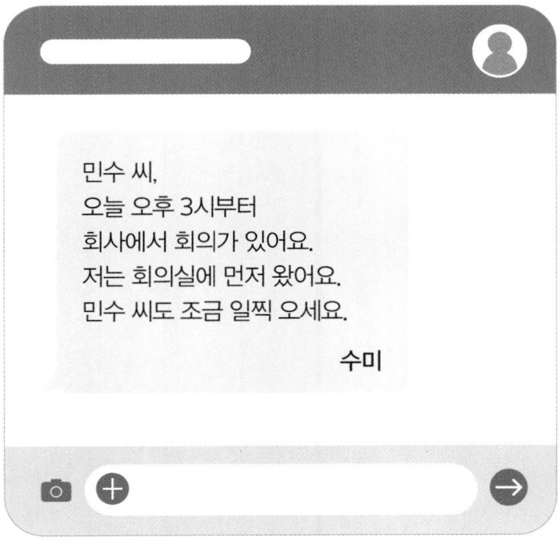

민수 씨,
오늘 오후 3시부터
회사에서 회의가 있어요.
저는 회의실에 먼저 왔어요.
민수 씨도 조금 일찍 오세요.
수미

① 수미 씨는 회사에 있습니다.
② 수미 씨는 메시지를 보냈습니다.
③ 수미 씨는 오후에 회의가 있습니다.
④ 수미 씨는 세 시에 회의실에 갈 겁니다.

※ [43~45] 다음을 읽고 내용이 같은 것을 고르십시오.

43. (3점)

> 저와 제 친구는 운동을 좋아합니다. 저는 일주일에 세 번 수영장에 갑니다. 친구는 주말에 공원에 가서 자전거를 탑니다.

① 저는 주말에 수영합니다.
② 저는 운동을 자주 합니다.
③ 친구는 수영을 좋아합니다.
④ 친구는 매일 자전거를 탑니다.

44. (2점)

> 백화점에서 일주일 동안 옷을 싸게 팝니다. 저는 주말에 바지를 사러 백화점에 갔습니다. 백화점에는 싸고 예쁜 옷이 아주 많았습니다.

① 저는 예쁜 옷이 많습니다.
② 저는 바지를 사고 싶었습니다.
③ 백화점의 옷이 조금 비쌉니다.
④ 백화점은 매일 옷을 싸게 팝니다.

45. (3점)

> 오늘 한국어 읽기와 쓰기 시험을 봅니다. 저는 한국어 쓰기를 못해서 어제 도서관에서 열심히 공부했습니다. 저는 시험을 잘 보고 싶습니다.

① 저는 시험을 잘 봤습니다.
② 저는 어제 시험 공부를 했습니다.
③ 저는 한국어 쓰기가 어렵지 않습니다.
④ 저는 시험이 끝나고 도서관에 갈 겁니다.

※ [46~48] 다음을 읽고 중심 내용을 고르십시오.

46. (3점)

요즘 고향에 가지 않는 사람들이 많습니다. 하지만 저는 고향에 가는 것이 좋습니다. 고향에 가면 부모님과 친구를 만날 수 있습니다.

① 저는 고향에 가고 싶습니다.
② 저는 친구를 만나려고 합니다.
③ 저는 부모님과 살고 싶습니다.
④ 저는 고향에 가는 것이 힘듭니다.

47. (3점)

저는 회사에서 매일 삼십 분쯤 산책을 합니다. 오늘도 점심을 먹고 산책을 할 겁니다. 저는 산책 후에 기분이 좋아서 일도 열심히 합니다.

① 저는 산책하는 것이 즐겁습니다.
② 저는 일을 하면 기분이 좋습니다.
③ 저는 매일 점심을 먹고 싶습니다.
④ 저는 회사에서 열심히 일할 겁니다.

48. (2점)

저는 겨울에 감기에 잘 걸립니다. 그래서 보통 날씨가 추우면 집에 있습니다. 집에서 따뜻한 차를 마시면서 시간을 보내려고 합니다.

① 저는 겨울에 차를 많이 마실 겁니다.
② 저는 추울 때 집에 있는 것이 싫습니다.
③ 저는 겨울에 감기에 걸리고 싶지 않습니다.
④ 저는 겨울에 밖에 나가는 것이 즐겁습니다.

※ [49~50] 다음을 읽고 물음에 답하십시오. (각 2점)

> 민수 씨는 지난달에 새집으로 이사를 했습니다. 민수 씨는 이사 후에 친구들을 초대했습니다. 저도 민수 씨의 새집 파티에 갔습니다. 새집 파티에 갈 때는 보통 휴지를 (㉠) 저는 특별한 선물을 주고 싶었습니다. 그래서 민수 씨가 좋아하는 그림을 골라서 선물했습니다. 민수 씨는 아주 기뻐했습니다.

49. ㉠에 들어가는 말로 알맞은 것을 고르십시오.

① 선물하고
② 선물하면서
③ 선물하는데
④ 선물했지만

50. 윗글의 내용과 같은 것을 고르십시오.

① 저는 지난달에 이사했습니다.
② 저는 민수 씨에게 휴지를 줬습니다.
③ 민수 씨는 제 선물을 아주 좋아했습니다.
④ 민수 씨는 친구들에게 그림을 받았습니다.

※ [51 ~ 52] 다음을 읽고 물음에 답하십시오.

> 김밥이 요즘 인기가 많아서 외국에서도 김밥을 찾는 사람이 많아졌습니다. 저는 가게에서 사지 않고 집에서 자주 만들어 먹습니다. 제가 좋아하는 계란, 치즈를 넣고, 싫어하는 오이를 뺄 수 있기 때문입니다. (㉠) 주말에 소풍을 갈 때 친구의 김밥에는 친구가 좋아하는 재료를 넣어 줄 겁니다.

51. ㉠에 들어갈 말로 가장 알맞은 것을 고르십시오. (3점)

① 그래서 ② 그리고
③ 그러나 ④ 그러면

52. 무엇에 대한 내용인지 고르십시오. (2점)

① 김밥을 파는 장소
② 김밥을 먹는 방법
③ 김밥을 만드는 이유
④ 김밥을 사면 좋은 점

※ **[53~54] 다음을 읽고 물음에 답하십시오.**

> 저는 지난주에 다리를 다쳐서 병원에 입원했습니다. 몸을 움직일 수 없어서 침대에 계속 누워 텔레비전을 (㉠) 책을 읽었습니다. 그런데 어제는 친구들이 찾아왔습니다. 친구들은 학교에서 배운 것도 알려 주고 학교에서 생긴 재미있는 일도 말해 줬습니다. 오랜만에 친구들과 함께 있어서 행복했습니다.

53. ㉠에 들어갈 말로 가장 알맞은 것을 고르십시오. (2점)

① 보면　　② 봐서
③ 보지만　　④ 보거나

54. 윗글의 내용과 같은 것을 고르십시오. (3점)

① 친구들은 병원에서 책을 읽어 줬습니다.
② 저는 다리가 아파서 병원에 다녀왔습니다.
③ 친구들은 학교에서 재미있는 일이 있었습니다.
④ 저는 어제도 친구들을 만나서 기분이 좋았습니다.

※ [55~56] 다음을 읽고 물음에 답하십시오.

달리기를 할 때는 운동화가 아주 중요합니다. 비싼 운동화가 좋은 것이 아니고 내 발에 맞는 운동화가 좋습니다. 그래서 운동화를 고를 때는 발이 불편하지 않은 것을 선택해야 합니다. 특히 신발의 크기가 중요합니다. 작은 신발은 발이 붓기 때문에 조심해야 합니다. 그래서 달리기를 잘하려면 (㉠) 운동화를 준비해야 합니다.

55. ㉠에 들어갈 말로 가장 알맞은 것을 고르십시오. (2점)

① 발이 편한　② 크기가 작은
③ 가격이 비싼　④ 색깔이 예쁜

56. 윗글의 내용과 같은 것을 고르십시오. (3점)

① 운동화가 크면 발이 잘 붓습니다.
② 운동화는 싼 것보다 비싼 것이 좋습니다.
③ 달리기를 할 때 조금 작은 운동화가 좋습니다.
④ 달리기를 할 때는 발에 맞는 운동화를 신어야 합니다.

※ [57~58] 다음을 순서에 맞게 배열한 것을 고르십시오.

57. (3점)

(가) 저는 주말에 친구들과 한강 공원에 갔습니다.
(나) 한강을 보면서 먹는 라면은 정말 맛있었습니다.
(다) 자전거를 탄 후에 가게에 가서 라면을 먹었습니다.
(라) 우리는 거기에서 자전거를 타고 한강 공원을 달렸습니다.

① (가) - (나) - (다) - (라)
② (가) - (라) - (다) - (나)
③ (라) - (가) - (나) - (다)
④ (라) - (나) - (다) - (가)

58. (2점)

(가) 스마트폰은 우리 생활에 많은 도움이 됩니다.
(나) 그래서 오랜 시간 계속 사용하지 않아야 합니다.
(다) 그러나 너무 많이 사용하면 건강에 안 좋습니다.
(라) 눈도 나빠지고 어깨와 목도 안 좋아질 수 있습니다.

① (가) - (나) - (다) - (라)
② (가) - (다) - (라) - (나)
③ (라) - (나) - (다) - (가)
④ (라) - (다) - (나) - (가)

※ [59~60] 다음을 읽고 물음에 답하십시오.

> 고향에서는 음식을 먹고 싶을 때 밖에서 사 먹거나 만들어 먹었습니다. (㉠) 자장면, 피자, 김치찌개까지 거의 모든 음식을 집에서 먹을 수 있습니다. (㉡) 그런데 배달 문화는 아주 과거에도 있었습니다. (㉢) 인기 있는 음식을 주문하면 집으로 배달을 해 줬습니다. (㉣) 또 아침 일찍 음식을 배달해 주는 서비스도 인기가 있었습니다.

59. 다음 문장이 들어갈 곳으로 가장 알맞은 것을 고르십시오. (2점)

> 한국은 배달 서비스가 있어서 편리합니다.

① ㉠　　② ㉡　　③ ㉢　　④ ㉣

60. 윗글의 내용과 같은 것을 고르십시오. (3점)

① 저는 항상 배달을 시켜 먹습니다.
② 배달 서비스는 옛날부터 있었습니다.
③ 특별한 음식만 배달을 시킬 수 있습니다.
④ 아침에만 배달 서비스를 이용할 수 있습니다.

※ [61~62] 다음을 읽고 물음에 답하십시오. (각 2점)

> 저는 친구와 인주섬에 여행을 갔습니다. 인주섬은 드라마 촬영 장소로 유명한 곳입니다. 인주섬은 작지만 아름다웠습니다. 우리는 강가를 걸으면서 사진도 찍고 아이스크림도 먹었습니다. 섬의 경치가 정말 아름다워서 지금도 잊을 수가 없습니다. 그래서 저와 친구는 내년에 인주섬에 다시 (㉠).

61. ㉠에 들어갈 말로 가장 알맞은 것을 고르십시오.

① 가기 때문입니다
② 가기로 했습니다
③ 간 적이 없습니다
④ 가는 게 좋습니다

62. 윗글의 내용과 같은 것을 고르십시오.

① 인주섬은 크고 아름다운 섬입니다.
② 인주섬은 아이스크림이 유명합니다.
③ 저는 인주섬에서 영화를 찍었습니다.
④ 저는 인주섬에서 즐거운 시간을 보냈습니다.

※ **[63~64] 다음을 읽고 물음에 답하십시오.**

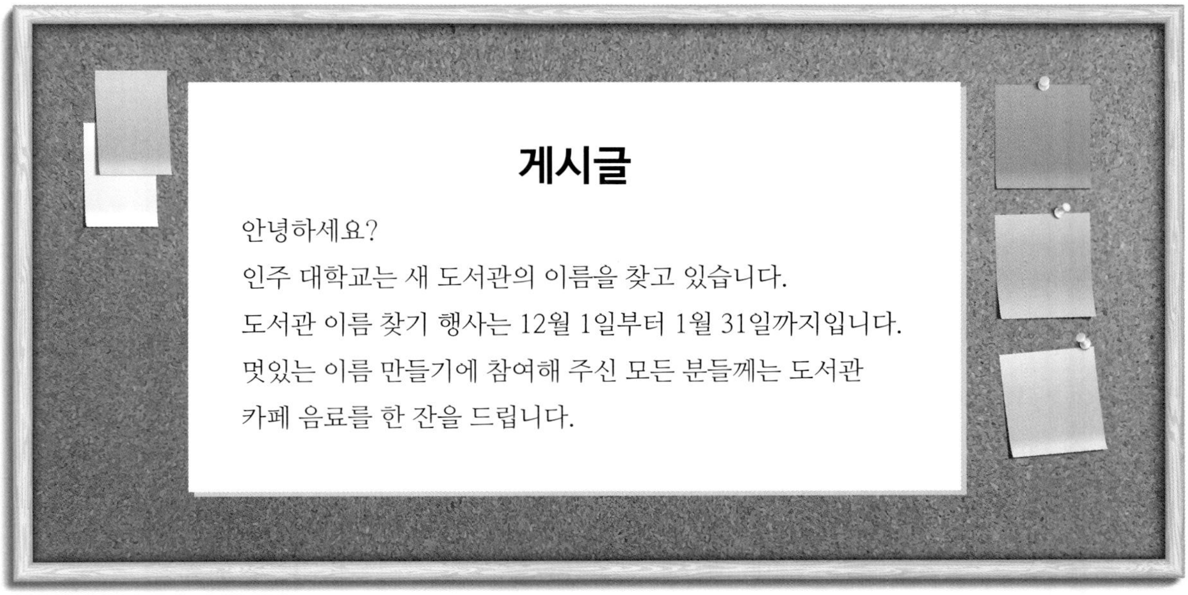
게시글
안녕하세요?
인주 대학교는 새 도서관의 이름을 찾고 있습니다.
도서관 이름 찾기 행사는 12월 1일부터 1월 31일까지입니다.
멋있는 이름 만들기에 참여해 주신 모든 분들께는 도서관
카페 음료를 한 잔을 드립니다.

63. 왜 윗글을 썼는지 맞는 것을 고르십시오. (2점)

① 도서관의 새 이름을 만들려고
② 도서관의 카페 음료를 팔려고
③ 도서관의 사용 기간을 알려 주려고
④ 도서관의 새로운 이름을 확인하려고

64. 윗글의 내용과 같은 것을 고르십시오. (3점)

① 새로운 도서관이 문을 엽니다.
② 카페에 어울리는 이름을 찾습니다.
③ 도서관을 이용하면 음료가 무료입니다.
④ 행사는 일월 삼십일일부터 시작합니다.

※ **[65~66] 다음을 읽고 물음에 답하십시오.**

몸이 아플 때 약을 먹지 않고 자연의 재료를 사용해 치료할 수 있습니다. 기침이 많이 나면 물에 배를 넣고 끓여서 마시면 좋습니다. 또 배탈이 나서 화장실에 자주 가게 될 때는 당근을 작게 썰어서 설탕과 끓여 마시면 빨리 좋아집니다. 옛날 사람들의 이런 치료 방법은 (㉠) 어린아이가 먹어도 나쁘지 않습니다.

65 ㉠에 들어갈 말로 가장 알맞은 것을 고르십시오. (2점)

① 재료를 끓여 마셔서
② 설탕을 재료를 사용해서
③ 옛날 사람들이 알려 줘서
④ 자연에서 나온 재료를 써서

66 윗글의 내용과 같은 것을 고르십시오. (3점)

① 당근을 끓여 마시면 기침에 좋습니다.
② 배가 아플 때 과일을 먹으면 좋습니다.
③ 아플 때 채소가 치료에 도움이 됩니다.
④ 옛날 사람들은 아플 때 약을 먹었습니다.

※ **[67~68] 다음을 읽고 물음에 답하십시오. (각 3점)**

숫자와 소리로 사람과 차가 가야 하는 시간을 미리 알려 주는 신호등이 있습니다. 횡단보도를 건너는 사람에게는 빨간색에서 초록색으로 바뀔 때까지 시간을 보여 줍니다. 그리고 앞을 못 보는 사람들은 신호등 안내 소리를 듣고 안전하게 지나갈 수 있습니다. 운전하는 사람은 숫자로 신호가 바뀌는 것을 미리 알고 운전을 준비할 수 있습니다. 이것은 길을 건너는 사람과 운전하는 사람 모두를 안전하게 해 줍니다. 이 신호등은 (㉠) 여러 사람에게 도움이 돼서 외국에서도 사용하고 있습니다.

67. ㉠에 들어갈 말로 가장 알맞은 것을 고르십시오.

① 횡단보도 앞에 있으니까
② 여러 색깔로 변하니까
③ 외국어로도 설명해 주니까
④ 숫자와 소리로 설명해 주니까

68. 윗글의 내용과 같은 것을 고르십시오.

① 이 신호등은 말로 안내를 해 줍니다.
② 이 신호등은 사용하는 방법이 어렵습니다.
③ 이 신호등은 한국 사람들만 사용하고 있습니다.
④ 이 신호등은 숫자로 바뀌는 색깔을 말해 줍니다.

※ [69~70] 다음을 읽고 물음에 답하십시오. (각 3점)

어느 날부터 딸아이가 냉장고에 있는 과일을 가지고 나갑니다. 오늘은 바나나 세 개를 가지고 나가서 조용히 아이를 따라가 봤습니다. 아이는 집 옆에 있는 작은 공원으로 갔습니다. 공원 나무 아래에는 아기 고양이 두 마리가 있었습니다. 아이는 "매일 과일만 줘서 미안해. 내가 돈이 없어서 고기를 사 줄 수 없어."라고 하면서 (㉠). 딸아이의 마음이 너무 예뻐서 눈물이 났습니다. 내일은 고기를 준비해서 냉장고에 넣어야겠습니다.

69. ㉠에 들어갈 말로 가장 알맞은 것을 고르십시오.

① 고기를 사러 갔습니다
② 과일을 맛있게 먹었습니다
③ 냉장고에 고기를 넣었습니다
④ 고양이에게 바나나를 줬습니다

70. 윗글의 내용과 같은 것을 고르십시오.

① 아이는 과일을 좋아해서 매일 먹습니다.
② 아이는 매일 고양이를 보러 공원에 갔습니다.
③ 아이의 엄마는 내일 과일을 많이 준비할 겁니다.
④ 아이의 집에는 아기 고양이 두 마리가 있습니다.

제2회

한국어능력시험

실전 모의고사

TOPIK Ⅰ

듣기, 읽기
(Listening, Reading)

수험번호(Registration No.)		
이 름 (Name)	한국어(Korean)	
	영 어(English)	

유 의 사 항
Information

1. 시험 시작 지시가 있을 때까지 문제를 풀지 마십시오.
   Do not open the booklet until you are allowed to start.

2. 수험번호와 이름을 정확하게 적어 주십시오.
   Write your name and registration number on the answer sheet.

3. 답안지를 구기거나 훼손하지 마십시오.
   Do not fold the answer sheet; keep it clean.

4. 답안지의 이름, 수험번호 및 정답의 기입은 배부된 펜을 사용하여 주십시오.
   Use the given pen only.

5. 정답은 답안지에 정확하게 표시하여 주십시오.
   Mark your answer accurately and clearly on the answer sheet.

   marking example | ① ● ③ ④ |

6. 문제를 읽을 때에는 소리가 나지 않도록 하십시오.
   Keep quiet while answering the questions.

7. 질문이 있을 때에는 손을 들고 감독관이 올 때까지 기다려 주십시오.
   When you have any questions, please raise your hand.

TOPIK Ⅰ 듣기 (1번 ~ 30번)

※ [1~4] 다음을 듣고 〈보기〉와 같이 물음에 맞는 대답을 고르십시오.

〈보 기〉

가: 공책이 있어요?

나: ______________________

❶ 네, 공책이 있어요.　　② 네, 공책을 사요.

③ 아니요, 공책에 써요.　　④ 아니요, 공책이 작아요.

1. (4점)

① 네, 의자가 있어요.　　② 네, 의자가 비싸요.

③ 아니요, 의자가 좋아요.　　④ 아니요, 의자가 아니에요.

2. (4점)

① 네, 날씨가 추워요.　　② 네, 날씨를 몰라요.

③ 아니요, 날씨가 안 더워요.　　④ 아니요, 날씨가 안 좋아요.

3. (3점)

① 제가 만나요.　　② 내일 만나요.

③ 식당에서 만나요.　　④ 선생님을 만나요.

4. (3점)

① 매일 먹어요.　　② 친구가 먹어요.

③ 아침에 먹어요.　　④ 식당에서 먹어요.

※ **[5~6] 다음을 듣고 〈보기〉와 같이 이어지는 말을 고르십시오.**

〈보　기〉

가: 안녕히 계세요.

나: ____________________

① 축하합니다.　　② 모르겠습니다.

❸ 안녕히 가세요.　　④ 처음 뵙겠습니다.

5. (4점)

① 반가워요.　　② 죄송합니다.

③ 환영합니다.　　④ 고맙습니다.

6. (3점)

① 네, 어서 오세요.　　② 네, 잘 다녀오세요.

③ 네, 맛있게 드세요.　　④ 네, 안녕히 계세요.

※ **[7~10] 여기는 어디입니까? 〈보기〉와 같이 알맞은 것을 고르십시오.**

〈보　기〉

가: 내일까지 숙제를 꼭 내세요.

나: 네, 선생님.

❶ 교실　　② 공항　　③ 시장　　④ 호텔

7. (3점)

① 식당　　② 은행　　③ 공원　　④ 병원

8. (3점)

① 우체국　　② 기차역　　③ 정류장　　④ 여행사

9. (3점)

① 빵집　② 카페　③ 식당　④ 약국

10. (4점)

① 도서관　② 사진관　③ 백화점　④ 미용실

※ **[11~14] 다음은 무엇에 대해 말하고 있습니까? 〈보기〉와 같이 알맞은 것을 고르십시오.**

〈보 기〉

가: 누구예요?
나: 이 사람은 형이고, 이 사람은 동생이에요.

❶ 가족　② 친구　③ 부모님　④ 선생님

11. (3점)

① 시간　② 나이　③ 생일　④ 번호

12. (3점)

① 취미　② 친구　③ 운동　④ 계획

13. (4점)

① 날씨　② 약속　③ 요일　④ 휴일

14. (3점)

① 휴일　② 여행　③ 음식　④ 나라

※ [15~16] 다음을 듣고 가장 알맞은 그림을 고르십시오. (각 4점)

15. ①

②

③

④

16. ①

②

③

④

※ [17~21] 다음을 듣고 〈보기〉와 같이 대화 내용과 같은 것을 고르십시오. (각 3점)

〈보 기〉

남자: 요즘 한국어를 공부해요?

여자: 네, 한국 친구한테서 한국어를 배워요.

① 남자는 학생입니다.　② 여자는 학교에 다닙니다.

③ 남자는 한국어를 가르칩니다.　❹ 여자는 한국어를 공부합니다.

17 ① 여자는 게임이 재미없었습니다.
② 남자는 여자와 게임을 했습니다.
③ 여자는 주말에 게임을 안 할 겁니다.
④ 남자는 다른 친구에게 연락할 겁니다.

18 ① 남자는 어릴 때 수영을 시작했습니다.
② 여자는 남자에게 축하 인사를 했습니다.
③ 여자는 수영 대회에서 일등을 했습니다.
④ 남자는 오늘 대회에서 수영을 했습니다.

19 ① 남자는 스웨터를 입어 봤습니다.
② 남자는 스웨터를 많이 샀습니다.
③ 여자는 남자에게 선물을 줬습니다.
④ 여자는 다른 옷도 보고 싶어 합니다.

20 ① 여자는 집에 강아지가 많습니다.
② 남자는 강아지를 좋아하지 않습니다.
③ 여자는 주말에 강아지 미용실에 왔습니다.
④ 남자는 강아지 미용실에서 일하고 있습니다.

※ [17~21] 다음을 듣고 〈보기〉와 같이 대화 내용과 같은 것을 고르십시오. (각 3점)

21. ① 여자는 태권도를 배운 적이 없습니다.
② 여자는 매일 태권도를 배우러 와야 합니다.
③ 여자는 한국인에게 태권도를 가르칠 겁니다.
④ 여자는 외국인 반에서 수업을 듣기로 했습니다.

※ [22~24] 다음을 듣고 여자의 중심 생각을 고르십시오. (각 3점)

22. ① 시험보다 건강이 중요합니다.
② 피곤하면 쉬는 것이 좋습니다.
③ 이번 시험을 잘 보고 싶습니다.
④ 시험이 빨리 끝나면 좋겠습니다.

23. ① 옷은 직접 입어 보고 사야 합니다.
② 인터넷으로 옷을 사는 것이 편합니다.
③ 옷을 살 때 백화점에 가는 게 좋습니다.
④ 시간이 없을 때는 인터넷 쇼핑이 좋습니다.

24. ① 영화를 볼 때 커피가 필요합니다.
② 배가 고프면 음식을 잘 먹어야 합니다.
③ 영화를 볼 때 음식을 먹는 것이 좋습니다.
④ 극장에서 냄새가 나는 음식을 먹는 것은 좋지 않습니다.

※ [25~26] 다음을 듣고 물음에 답하십시오.

25 여자가 왜 이 이야기를 하고 있는지 고르십시오. (3점)

① '작은 시장'의 물건을 소개하려고
② '작은 시장'의 이용 시간을 안내하려고
③ '작은 시장'의 주차 시간을 가르쳐 주려고
④ '작은 시장'이 문을 여는 것을 알려 주려고

26 들은 내용과 같은 것을 고르십시오. (4점)

① '작은 시장'은 매주 주말에 문을 엽니다.
② '작은 시장'은 저녁 여덟 시에 끝납니다.
③ '작은 시장'은 아파트 사무실에서 문을 엽니다.
④ '작은 시장'에서 차는 사무실 앞에 주차해야 합니다.

※ [27~28] 다음을 듣고 물음에 답하십시오.

27 두 사람이 무엇에 대해 이야기를 하고 있는지 고르십시오. (3점)

① 박물관에 가는 방법
② 박물관에서 만난 사람
③ 박물관이 문을 여는 날
④ 박물관에서 할 수 있는 일

28. 들은 내용과 같은 것을 고르십시오. (4점)

① 남자는 떡이 맛없을 것 같았습니다.
② 남자는 떡 박물관에 간 적이 있습니다.
③ 여자는 박물관에서 떡을 만들었습니다.
④ 여자는 남자에게 박물관에서 산 떡을 줬습니다.

※ [29~30] 다음을 듣고 물음에 답하십시오.

29. 여자가 말하기 대회에서 힘들어한 이유를 고르십시오. (3점)

① 학생들이 너무 많아서

② 학생들이 한국어를 못해서

③ 학생들의 발음이 안 좋아서

④ 일등을 결정하는 것이 어려워서

30. 들은 내용과 같은 것을 고르십시오. (4점)

① 다음 대회는 국내에서 열립니다.

② 내년에는 해외에서 대회를 합니다.

③ 말하기 대회는 일 년에 한 번 있습니다.

④ 말하기 대회는 국내에서만 인기가 많습니다.

TOPIK I 읽기 (31번 ~ 70번)

※ [31 ~ 33] 무엇에 대한 내용입니까? 〈보기〉와 같이 알맞은 것을 고르십시오. (각 2점)

〈보 기〉

오늘은 월요일입니다. 내일은 화요일입니다.

① 공부 ② 얼굴 ❸ 요일 ④ 계절

31. 불고기가 맛있습니다. 비빔밥도 맛있습니다.

① 가게 ② 음식 ③ 취미 ④ 직업

32. 우리 나라는 지금 9시입니다. 한국은 8시입니다.

① 시간 ② 날짜 ③ 여행 ④ 장소

33. 민수 씨는 매일 자전거를 탑니다. 축구도 합니다.

① 운동 ② 위치 ③ 날씨 ④ 약속

※ [34~39] 〈보기〉와 같이 (　　　　)에 들어갈 말로 가장 알맞은 것을 고르십시오.

〈보　기〉

단어를 모릅니다. (　　　　)을 찾습니다.

① 안경　　② 옷장　　❸ 사전　　④ 지갑

34. (2점)

친구와 책을 삽니다. (　　　　)에서 친구를 기다립니다.

① 시장　　② 서점　　③ 공원　　④ 공항

35. (2점)

수미 씨가 교실에 없습니다. 수미 씨(　　　　) 전화합니다.

① 에게　　② 에서　　③ 하고　　④ 까지

36. (2점)

방 청소를 했습니다. 그래서 방이 (　　　　).

① 작습니다　　② 예쁩니다　　③ 가깝습니다　　④ 깨끗합니다

37. (3점)

저는 산책을 좋아합니다. 그래서 (　　　　) 공원에 갑니다.

① 자주　　② 일찍　　③ 같이　　④ 제일

38. (3점)

수영장에 갑니다. 수영복을 (　　　　).

① 씁니다　② 합니다　③ 입습니다　④ 신습니다

39. (2점)

버스를 타야 합니다. 그래서 버스를 (　　　　).

① 받습니다　② 찾습니다　③ 기다립니다　④ 준비합니다

※ [40~42] 다음을 읽고 맞지 <u>않는</u> 것을 고르십시오. (각 3점)

40.

① 전화가 있습니다.
② 월요일에 쉽니다.
③ 오전 열 시에 문을 엽니다.
④ 미용실 이름은 행복입니다.

※ **[40~42] 다음을 읽고 맞지 않는 것을 고르십시오. (각 3점)**

41.

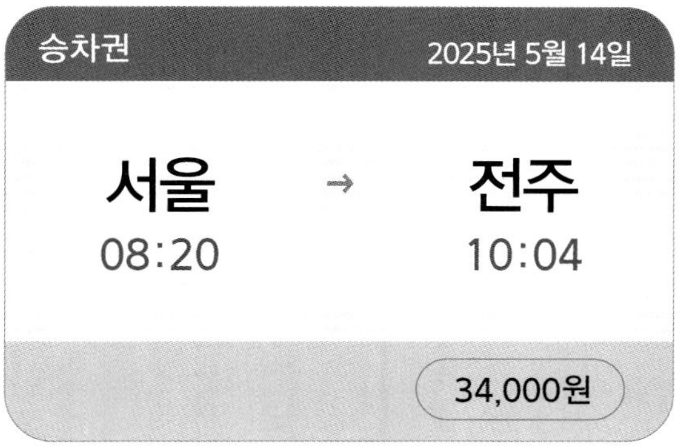

① 서울에서 탑니다.

② 삼만 삼천 원입니다.

③ 이 기차는 전주로 갑니다.

④ 오월 십사일 기차표입니다.

42.

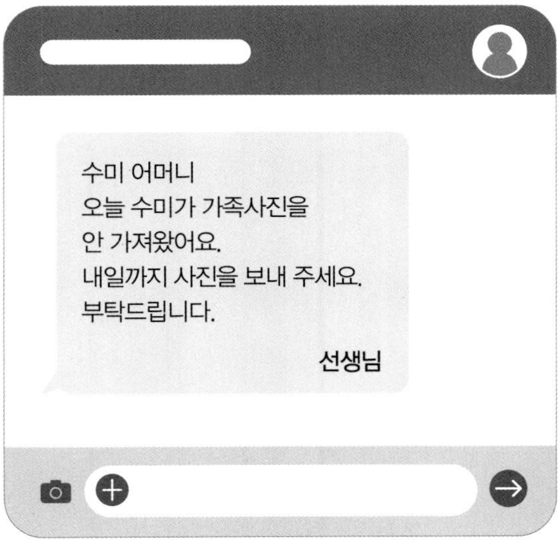

① 수미는 내일 학교에 갑니다.

② 엄마가 메시지를 받았습니다.

③ 수미는 사진을 가져가야 합니다.

④ 선생님이 수미에게 사진을 부탁했습니다.

※ [43~45] 다음을 읽고 내용이 같은 것을 고르십시오.

43. (3점)

진미 식당은 음식도 맛있고 사장님도 친절합니다. 그래서 항상 사람이 많습니다. 제 친구도 이 식당을 좋아해서 우리는 매일 같이 갑니다.

① 진미 식당은 보통 사람이 적습니다.
② 저는 주말에만 진미 식당에 갑니다.
③ 제 친구는 진미 식당에 가지 않습니다.
④ 진미 식당의 사장님은 친절한 사람입니다.

44. (2점)

저는 조용하고 말이 적습니다. 민수 씨는 말을 재미있게 잘하고 친절해서 인기가 많습니다. 그래서 민수 씨를 만나면 즐겁습니다.

① 사람들이 민수 씨를 좋아합니다.
② 저는 아주 재미있는 사람입니다.
③ 민수 씨는 조용하고 친절합니다.
④ 민수 씨는 말을 잘 하지 않습니다.

45. (3점)

내일 대학교 입학시험을 봅니다. 그래서 오늘은 일찍 자려고 커피를 안 마시고 따뜻한 우유를 마셨습니다. 내일 저와 친구들 모두 시험을 잘 보면 좋겠습니다.

① 저는 커피를 마시면 잘 잡니다.
② 친구와 저는 대학교에 입학했습니다.
③ 저는 오늘 밤에 빨리 잠을 자려고 합니다.
④ 친구는 시험에서 좋은 점수를 받았습니다.

※ [46~48] 다음을 읽고 중심 내용을 고르십시오.

46. (3점)

저는 여행을 가면 시장에 꼭 갑니다. 시장에 가서 그곳의 사람들과 이야기하는 것이 재미있습니다. 그들의 생활도 더 잘 알 수 있습니다.

① 저의 취미는 여행하는 것입니다.
② 저는 사람들과 이야기하고 싶습니다.
③ 저는 시장에서 쇼핑을 많이 하려고 합니다.
④ 저는 여행할 때 시장에 가는 것을 좋아합니다.

47. (3점)

큰길 앞에 초등학교가 있습니다. 그런데 차들이 너무 빠르게 달립니다. 위험하니까 학교 앞을 지날 때는 천천히 운전해야 합니다.

① 저는 운전하는 것을 좋아합니다.
② 저는 위험한 곳에 가지 않습니다.
③ 저는 학교 앞에서 운전하지 않을 겁니다.
④ 저는 사람들이 천천히 운전하면 좋겠습니다.

48. (2점)

저는 지금 기숙사에 삽니다. 기숙사 방이 너무 좁고 요리도 할 수 없습니다. 큰 집으로 이사하고 싶습니다.

① 저는 기숙사에 살 겁니다.
② 저는 기숙사를 좋아합니다.
③ 저는 기숙사에 사는 것이 불편합니다.
④ 저는 기숙사에서 요리를 하면 좋겠습니다.

※ [49~50] 다음을 읽고 물음에 답하십시오. (각 2점)

회사 앞에 한 식당이 문을 열었습니다. 점심시간에 저는 직원들과 함께 식사하러 갔습니다. 식당에 처음 갔으니까 여러 가지 음식을 주문해서 같이 먹어 보고 싶었습니다. 그런데 식당에 (㉠) 우리는 모두 놀랐습니다. 음식 메뉴가 하나만 있었기 때문입니다.

49. ㉠에 들어가는 말로 알맞은 것을 고르십시오.

① 들어가서　　② 들어가면
③ 들어가지만　　④ 들어가니까

50 윗글의 내용과 같은 것을 고르십시오.

① 회사에서 식당을 시작했습니다.
② 이 식당은 한 가지 음식만 팝니다.
③ 저는 이 식당에 간 적이 있습니다.
④ 저는 직원들과 처음 밥을 같이 먹었습니다.

※ [51~52] 다음을 읽고 물음에 답하십시오.

> 한국 박물관에서는 5월 1일부터 7월 31일까지 행사를 합니다. 유명한 한국 화가의 그림과 옛날 사람들이 사용한 물건을 구경할 수 있습니다. 한복을 입은 한국인과 외국인은 50%의 가격 할인을 받을 수 있습니다. 박물관의 작은 공원에서는 옛날 음식을 먹고 게임도 할 수 있습니다. (㉠) 비가 올 때는 공원 행사를 하지 않습니다.

51. ㉠에 들어갈 말로 가장 알맞은 것을 고르십시오. (3점)

① 그러면 ② 그래서
③ 그리고 ④ 그렇지만

52. 무엇에 대한 내용인지 고르십시오. (2점)

① 박물관을 이용하는 시간
② 박물관에서 할인하는 이유
③ 박물관에서 하는 행사 안내
④ 박물관 행사를 경험하는 방법

※ **[53~54] 다음을 읽고 물음에 답하십시오.**

저는 주말에 등산 모임 사람들과 산에 갔습니다. 아침 7시에 버스 정류장에서 만나서 산으로 출발했는데 너무 (㉠) 다시 돌아가고 싶었습니다. 그러나 "조금만 더 가면 돼요."라고 말하면서 손을 잡아 주는 사람들이 있어서 끝까지 올라갈 수 있었습니다. 산에서 내려와서 근처 식당에서 삼계탕을 먹고 집으로 왔습니다. 피곤했지만 즐거운 하루였습니다.

53. ㉠에 들어갈 말로 가장 알맞은 것을 고르십시오. (2점)

① 힘든데　　② 힘들면

③ 힘들어서　　④ 힘들거나

54. 윗글의 내용과 같은 것을 고르십시오. (3점)

① 저는 주말에 산에 혼자 갔습니다.

② 등산할 때 도와주는 사람들이 있었습니다.

③ 등산을 한 후 집에 와서 삼계탕을 먹었습니다.

④ 저는 일곱 시에 산 앞에서 사람들을 만났습니다.

※ [55~56] 다음을 읽고 물음에 답하십시오.

과일은 건강에 좋습니다. 그러나 너무 많이 먹지 말아야 하고 먹을 때는 과일만 먹는 것보다는 우유나 빵과 함께 먹으면 좋습니다. 바나나, 토마토, 망고는 냉장고에 넣지 않는 것이 좋습니다. 하지만 사과, 포도, 딸기는 (㉠) 더 시원하고 맛있게 먹을 수 있습니다. 또한 과일이 달기 때문에 설탕을 넣지 않고 먹으면 더 좋습니다.

55. ㉠에 들어갈 말로 가장 알맞은 것을 고르십시오. (2점)

① 많이 먹으면　　② 주스를 만들면
③ 설탕을 넣으면　　④ 냉장고에 넣으면

56. 윗글의 내용과 같은 것을 고르십시오. (3점)

① 과일은 모두 냉장고에 넣어야 합니다.
② 과일은 다른 음식과 따로 먹으면 좋습니다.
③ 과일은 건강에 좋아서 많이 먹어야 합니다.
④ 과일은 달아서 설탕을 안 넣는 것이 좋습니다.

※ [57~58] 다음을 순서에 맞게 배열한 것을 고르십시오.

57. (3점)

(가) 그때 지하철 직원이 와서 도와줬습니다.
(나) 교통 카드가 없어서 지하철을 탈 수 없었습니다.
(다) 그런데 지하철역에서 지갑을 안 가져온 것을 알았습니다.
(라) 아침에 늦게 일어나서 빨리 준비하고 지하철역으로 갔습니다.

① (나) - (가) - (라) - (다)
② (나) - (라) - (가) - (다)
③ (라) - (나) - (다) - (가)
④ (라) - (다) - (나) - (가)

58. (2점)

(가) 어느 날 저에게 동생이 생겼습니다.
(나) 뚱이와 계속 이렇게 행복하게 살고 싶습니다.
(다) 저는 매일 뚱이에게 밥도 주고 함께 운동도 합니다.
(라) 이름은 '뚱이'이고 까만색 눈과 하얀색 털이 예쁜 강아지입니다.

① (가) - (다) - (나) - (라)
② (가) - (라) - (다) - (나)
③ (라) - (가) - (다) - (나)
④ (라) - (다) - (나) - (가)

※ [59~60] 다음을 읽고 물음에 답하십시오.

저는 여름 방학에 처음으로 혼자 여행을 갔습니다. (㉠) 공항에서 비행기를 기다릴 때 걱정이 되었습니다. (㉡) 그런데 여행을 하면서 혼자 여행하는 사람들을 많이 만났습니다. (㉢) 그들과 이야기하면서 사람마다 생각이 다른 것을 알게 되었습니다. (㉣) 그래서 혼자 여행하면 많은 것을 배울 수 있습니다.

59. 다음 문장이 들어갈 곳으로 가장 알맞은 것을 고르십시오. (2점)

그리고 다른 생각을 이해하는 방법도 배웠습니다.

① ㉠　② ㉡　③ ㉢　④ ㉣

60. 윗글의 내용과 같은 것을 고르십시오. (3점)

① 사람들의 생각은 서로 비슷합니다.
② 저는 겨울에 혼자 여행을 했습니다.
③ 저는 혼자 여행을 한 것이 좋았습니다.
④ 사람들은 혼자 여행하는 나를 걱정했습니다.

※ **[61~62] 다음을 읽고 물음에 답하십시오. (각 2점)**

저는 외국어를 잘합니다. 그런데 처음부터 외국어를 잘한 것은 아닙니다. 외국어를 배울 때 발음을 따라하고 단어를 외우는 것이 정말 어려웠습니다. 하지만 한 가지 외국어를 잘 (㉠) 외국어 학습 방법을 알게 됐습니다. 그 뒤로 다른 외국어를 배우는 것도 쉬워졌습니다.

61. ㉠에 들어갈 말로 가장 알맞은 것을 고르십시오.

① 배웠으면　　② 배웠지만

③ 배우기 전에　　④ 배운 후에는

62. 윗글의 내용과 같은 것을 고르십시오.

① 저는 단어를 잘 외웁니다.

② 저는 발음 연습이 어렵지 않았습니다.

③ 저는 할 수 있는 외국어가 몇 개 있습니다.

④ 저는 처음부터 외국어 공부하는 방법을 알았습니다.

※ [63~64] 다음을 읽고 물음에 답하십시오.

학생
사진에 있는 가구를 제가 써도 돼요?

집주인
침대와 책상을 사용할 수 있습니다.

학생
주변 편의 시설은 어때요?

집주인
마트, 공원, 스포츠 센터가 있습니다.

학생
주말에 방을 좀 확인하고 싶은데요.

집주인
네, 주말에 보러 보세요.

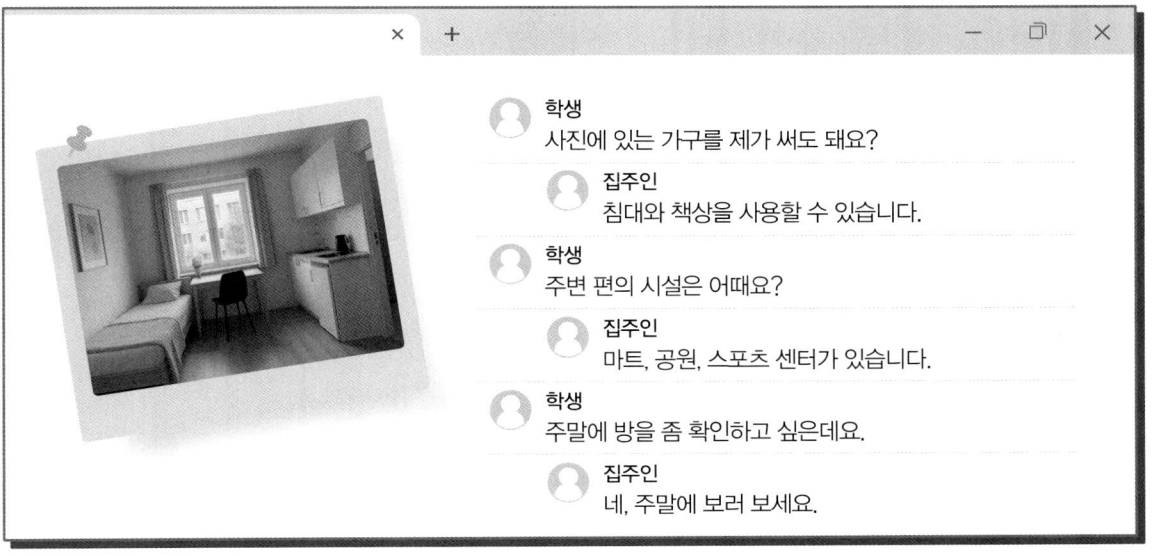

63. 왜 윗글을 썼는지 맞는 것을 고르십시오. (2점)

① 이사할 집을 찾으려고
② 집에 대해 묻고 답하려고
③ 주변 사람들을 소개해 주려고
④ 집 안에 있는 물건을 물어보려고

64. 윗글의 내용과 같은 것을 고르십시오. (3점)

① 집주인은 주말에 외출할 겁니다.
② 집주인이 침대를 사용하려고 합니다.
③ 학생은 집 사진을 보고 연락했습니다.
④ 집 주변에서 운동할 수 있는 곳이 없습니다.

※ [65~66] 다음을 읽고 물음에 답하십시오.

매년 한글날이 되면 인주 공원에서 '사랑해요, 한글' 축제를 합니다. 이 축제는 (㉠) 사람들이 좋아합니다. '한글 예쁘게 쓰기 대회'는 축제에 오는 사람들 모두 참여할 수 있고 '한국어 말하기 대회', '한국어 노래 대회'는 외국인만 됩니다. 올해는 '한글 이름 목걸이'를 무료로 만들어 주는 행사도 준비했습니다. 한글을 사랑하는 사람들이 함께하는 행복한 시간이 되면 좋겠습니다.

65 ㉠에 들어갈 말로 가장 알맞은 것을 고르십시오. (2점)

① 참가비가 없어서
② 선물을 많이 줘서
③ 프로그램이 많아서
④ 아이들도 놀 수 있어서

66 윗글의 내용과 같은 것을 고르십시오. (3점)

① 매년 같은 장소에서 한글날 행사를 합니다.
② 인주 공원에서 '한글 이름 목걸이'를 팝니다.
③ 한국인은 '한국어 노래 대회'에서 노래할 수 있습니다.
④ 외국인만 '한글 예쁘게 쓰기 대회'에 참여할 수 있습니다.

※ [67~68] 다음을 읽고 물음에 답하십시오. (각 3점)

최근 노인을 돕는 로봇이 인기입니다. 이 로봇은 강아지와 같은 동물 모양이어서 귀엽습니다. 혼자 사는 할아버지나 할머니하고 이야기합니다. 그래서 외로울 때 친구가 되어 줍니다. (㉠) 도움이 필요할 때 경찰에게 전화도 할 수 있습니다. 또 이 로봇은 물건이 어디에 있는지 알려 줄 수 있으니까 생활이 편해집니다. 이 로봇은 앞으로 혼자 사는 노인들에게 많은 도움을 줄 것입니다.

67. ㉠에 들어갈 말로 가장 알맞은 것을 고르십시오.

① 혼자 요리를 하거나
② 동물과 같이 살거나
③ 위험한 일이 생기거나
④ 가족에게 연락을 하거나

68. 윗글의 내용과 같은 것을 고르십시오.

① 이 로봇은 사람을 닮았습니다.
② 이 로봇은 집안일을 다 해 줍니다.
③ 이 로봇은 노인의 산책을 돕습니다.
④ 이 로봇은 외로운 노인들에게 인기가 많습니다.

※ [69~70] 다음을 읽고 물음에 답하십시오. (각 3점)

저는 학생들을 가르치는 고등학교 3학년 선생님입니다. 학생들은 졸업하면 대학에 가거나 취직을 합니다. 그런데 학교를 떠난 후에도 (㉠) 학생들이 있습니다. 선생님의 날에는 "선생님 감사합니다."라고 연락하고 제 생일날에는 "선생님, 생일 축하합니다."라고 메시지도 보냅니다. 어떤 학생은 학교 근처에 오게 되면 학교에 인사하러 찾아옵니다. 부모가 되고 직장인이 된 학생들과 옛날 추억을 함께 이야기하면 정말 행복합니다. 이렇게 학생들에게 감동을 받을 때마다 앞으로 더 열심히 가르쳐야겠다고 생각합니다.

69. ㉠에 들어갈 말로 가장 알맞은 것을 고르십시오.

① 가르쳐야 하는 ② 일을 하지 않는
③ 공부하고 싶어 하는 ④ 잊지 않고 연락하는

70. 윗글의 내용과 같은 것을 고르십시오.

① 저는 학생들이 연락을 해 줘서 고맙습니다.
② 저는 학생들에게 감동을 주는 선생님입니다.
③ 학생들은 졸업 후에 모두 대학에 입학합니다.
④ 학생들은 졸업한 후에 학교에 오지 않습니다.

제3회

한국어능력시험

실전 모의고사

TOPIK Ⅰ

듣기, 읽기
(Listening, Reading)

수험번호(Registration No.)		
이 름 (Name)	한국어(Korean)	
	영 어(English)	

유 의 사 항

Information

1. 시험 시작 지시가 있을 때까지 문제를 풀지 마십시오.
   Do not open the booklet until you are allowed to start.

2. 수험번호와 이름을 정확하게 적어 주십시오.
   Write your name and registration number on the answer sheet.

3. 답안지를 구기거나 훼손하지 마십시오.
   Do not fold the answer sheet; keep it clean.

4. 답안지의 이름, 수험번호 및 정답의 기입은 배부된 펜을 사용하여 주십시오.
   Use the given pen only.

5. 정답은 답안지에 정확하게 표시하여 주십시오.
   Mark your answer accurately and clearly on the answer sheet.

   marking example ① ● ③ ④

6. 문제를 읽을 때에는 소리가 나지 않도록 하십시오.
   Keep quiet while answering the questions.

7. 질문이 있을 때에는 손을 들고 감독관이 올 때까지 기다려 주십시오.
   When you have any questions, please raise your hand.

TOPIK Ⅰ 듣기 (1번 ~ 30번)

※ **[1 ~ 4] 다음을 듣고 〈보기〉와 같이 물음에 맞는 대답을 고르십시오.**

〈보 기〉

가: 공책이 있어요?

나: ______________________

❶ 네, 공책이 있어요.　　② 네, 공책을 사요.

③ 아니요, 공책에 써요.　　④ 아니요, 공책이 작아요.

1. (4점)

① 네, 있어요.　　② 네, 책이에요.

③ 아니요, 책이 좋아요.　　④ 아니요, 책이 없어요.

2. (4점)

① 네, 빵이 많아요.　　② 네, 빵이 비싸요.

③ 아니요, 빵이 있어요.　　④ 아니요, 빵을 안 사요.

3. (3점)

① 동생이 먹어요.　　② 사과를 먹어요.

③ 주말에 먹어요.　　④ 식당에서 먹어요.

4. (3점)

① 제가 가요.　　② 식당에 가요.

③ 버스로 가요.　　④ 두 시에 가요.

※ [5~6] 다음을 듣고 〈보기〉와 같이 이어지는 말을 고르십시오.

〈보　기〉

가: 안녕히 계세요.

나: ______________________

① 축하합니다.　　② 모르겠습니다.

❸ 안녕히 가세요.　　④ 처음 뵙겠습니다.

5. (4점)

① 죄송합니다.　　② 환영합니다.

③ 감사합니다.　　④ 반갑습니다.

6. (3점)

① 네, 잘 먹겠습니다.　　② 네, 안녕히 가세요.

③ 네, 처음 뵙겠습니다.　　④ 네, 잠시만 기다리세요.

※ [7~10] 여기는 어디입니까? 〈보기〉와 같이 알맞은 것을 고르십시오.

〈보　기〉

가: 내일까지 숙제를 꼭 내세요.

나: 네, 선생님.

❶ 교실　　② 공항　　③ 시장　　④ 호텔

7. (3점)

① 병원　　② 서점　　③ 미용실　　④ 우체국

8. (3점)

① 집　　② 식당　　③ 옷가게　　④ 슈퍼마켓

9. (3점)

① 공원　② 여행사　③ 정류장　④ 지하철역

10. (4점)

① 꽃집　② 약국　③ 안경 가게　④ 신발 가게

※ [11~14] 다음은 무엇에 대해 말하고 있습니까? 〈보기〉와 같이 알맞은 것을 고르십시오.

〈보　기〉

가: 누구예요?

나: 이 사람은 형이고, 이 사람은 동생이에요.

❶ 가족　② 친구　③ 부모님　④ 선생님

11. (3점)

① 장소　② 주말　③ 나라　④ 시간

12. (3점)

① 음악　② 운동　③ 영화　④ 여행

13. (4점)

① 장소　② 선물　③ 주말　④ 쇼핑

14. (3점)

① 맛　② 값　③ 요일　④ 취미

※ [15~16] 다음을 듣고 가장 알맞은 그림을 고르십시오. (각 4점)

15. ①

②

③

④

16. ①

②

③

④

※ [17~21] 다음을 듣고 〈보기〉와 같이 대화 내용과 같은 것을 고르십시오. (각 3점)

〈보 기〉

남자: 요즘 한국어를 공부해요?

여자: 네, 한국 친구한테서 한국어를 배워요.

① 남자는 학생입니다. ② 여자는 학교에 다닙니다.

③ 남자는 한국어를 가르칩니다. ❹ 여자는 한국어를 공부합니다.

17. ① 남자는 주말에 미용실에 갔습니다.
② 남자는 머리색을 바꾸러 갈 겁니다.
③ 여자는 머리를 자르고 싶어 합니다.
④ 여자는 남자와 같이 미용실에 갔습니다.

18. ① 여자는 자전거를 탈 수 없습니다.
② 남자는 혼자 여행을 가려고 합니다.
③ 남자는 오늘 자전거 여행을 갈 겁니다.
④ 여자는 지금 자전거를 연습하러 갑니다.

19. ① 남자는 오늘 수업이 있습니다.
② 여자는 친구와 함께 축제에 갑니다.
③ 여자는 삼일 동안 축제를 보러 갑니다.
④ 남자는 지금 축제를 구경하고 있습니다.

20. ① 남자는 오늘 매운 것을 먹을 겁니다.
② 여자는 친구를 만나면 기분이 좋습니다.
③ 남자는 친구와 같이 산책하러 갈 겁니다.
④ 여자는 기분이 안 좋으면 매운 것을 먹습니다.

※ [17~21] 다음을 듣고 〈보기〉와 같이 대화 내용과 같은 것을 고르십시오. (각 3점)

21. ① 남자는 사진을 찍으러 왔습니다.
② 남자는 신청서를 잃어버렸습니다.
③ 남자는 오늘 학생증을 만들었습니다.
④ 남자는 학생증을 만들고 싶어 합니다.

※ [22~24] 다음을 듣고 여자의 중심 생각을 고르십시오. (각 3점)

22. ① 음악은 공부를 도와줍니다.
② 커피숍에서 공부를 하고 싶습니다.
③ 공부할 때는 조용한 곳이 좋습니다.
④ 자고 싶을 때는 공부를 안 해야 합니다.

23. ① 쓰레기를 빨리 버려야 합니다.
② 쓰레기를 문 앞에 놓아도 됩니다.
③ 옆집 사람 때문에 아주 힘듭니다.
④ 옆집 사람과 잘 지내는 것이 어렵습니다.

24. ① 작은 가방이 멋있어서 좋습니다.
② 가방은 사용할 때 편해야 합니다.
③ 가방에 물건을 조금만 넣어야 합니다.
④ 작은 가방과 큰 가방이 모두 필요합니다.

※ [25~26] 다음을 듣고 물음에 답하십시오.

25. 여자가 왜 이 이야기를 하고 있는지 고르십시오. (3점)

① 학교 행사를 소개하려고
② 학교 주차장 위치를 가르쳐 주려고
③ 학교 시설 이용에 대해 안내하려고
④ 학교 식당 이용 시간을 알려 주려고

26. 들은 내용과 같은 것을 고르십시오. (4점)

① 주말에는 학교에 주차할 수 없습니다.
② 주말에 학교 식당에서 밥을 먹지 못합니다.
③ 주말 동안 학교에서 학생들이 시험을 봅니다.
④ 토요일 오전에는 학교 건물을 이용할 수 있습니다.

※ [27~28] 다음을 듣고 물음에 답하십시오.

27. 두 사람이 무엇에 대해 이야기를 하고 있는지 고르십시오. (3점)

① 미술관에 있는 그림
② 미술관에 오는 사람
③ 미술관에서 하면 안 되는 일
④ 미술관에서 그림을 보는 방법

28. 들은 내용과 같은 것을 고르십시오. (4점)

① 여자는 이 미술관을 자주 찾아옵니다.
② 남자는 이 미술관에 온 적이 있습니다.
③ 여자는 이 미술관에서 사진을 찍었습니다.
④ 남자는 이 미술관에서 큰소리로 말했습니다.

※ [29~30] 다음을 듣고 물음에 답하십시오.

29. 여자가 글을 쓰게 된 이유를 고르십시오. (3점)

① 멋있는 소설을 쓰고 싶어서
② 어렸을 때 상을 받고 기뻐서
③ 다양한 경험을 할 수 있어서
④ 어머니께 글을 써 드리고 싶어서

30. 들은 내용과 같은 것을 고르십시오. (4점)

① 여자는 작년에 상을 받았습니다.
② 여자의 책은 크리스마스쯤에 나옵니다.
③ 여자의 어머니는 책을 많이 읽고 썼습니다.
④ 여자는 학생들에게 소설을 가르치고 있습니다.

TOPIK Ⅰ 읽기 (31번 ~ 70번)

※ **[31 ~ 33] 무엇에 대한 내용입니까? 〈보기〉와 같이 알맞은 것을 고르십시오. (각 2점)**

〈보 기〉

오늘은 월요일입니다. 내일은 화요일입니다.

① 공부 ② 얼굴 ❸ 요일 ④ 계절

31. 저는 스물두 살입니다. 동생은 스무 살입니다.

① 나이 ② 가족 ③ 음식 ④ 나라

32. 아버지는 회사원입니다. 어머니는 의사입니다.

① 장소 ② 운동 ③ 직업 ④ 여행

33. 하늘이 흐립니다. 비도 많이 옵니다.

① 날씨 ② 약속 ③ 쇼핑 ④ 시간

※ [34~39] 〈보기〉와 같이 (　　　　)에 들어갈 말로 가장 알맞은 것을 고르십시오.

〈보　기〉

> **단어를 모릅니다. (　　　　)을 찾습니다.**
>
> ① 안경　　② 옷장　　❸ 사전　　④ 지갑

34. (2점)

> (　　　　)에 갑니다. 과일을 삽니다.

① 시장　　② 병원　　③ 운동장　　④ 화장실

35. (2점)

> 커피를 마십니다. 주스(　　　　) 마십니다.

① 도　　② 만　　③ 에서　　④ 하고

36. (2점)

> 도서관에 갑니다. 책을 (　　　　).

① 잡니다　　② 삽니다　　③ 읽습니다　　④ 말합니다

37. (3점)

> (　　　　) 밥을 먹었습니다. 지금 배가 안 고픕니다.

① 가끔　　② 보통　　③ 아까　　④ 제일

38. (3점)

음악을 좋아합니다. 그래서 매일 음악을 (　　　　).

① 옵니다　② 씁니다　③ 보냅니다　④ 듣습니다

39. (2점)

머리가 (　　　　). 약을 먹습니다.

① 큽니다　② 비쌉니다　③ 아픕니다　④ 깨끗합니다

※ **[40~42] 다음을 읽고 맞지 <u>않는</u> 것을 고르십시오. (각 3점)**

40

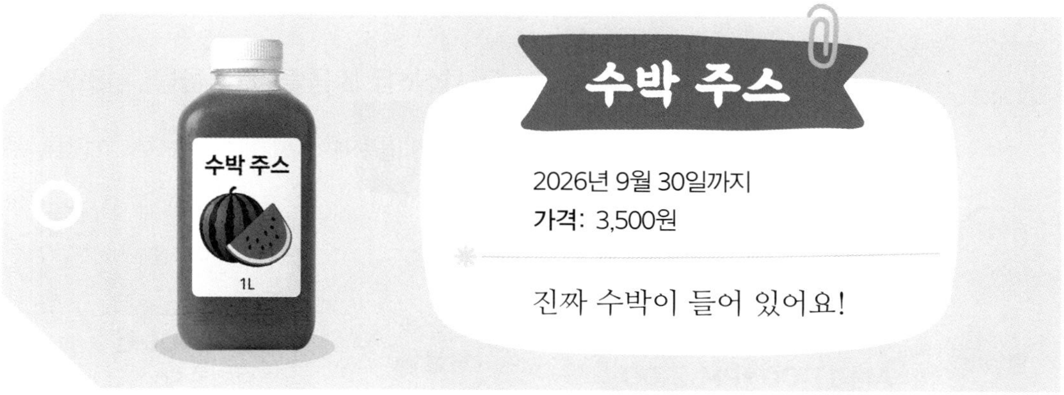

① 주스입니다.
② 시월까지 팝니다.
③ 삼천 오백 원입니다.
④ 주스 안에 수박이 있습니다.

※ [40~42] 다음을 읽고 맞지 <u>않는</u> 것을 고르십시오. (각 3점)

41.

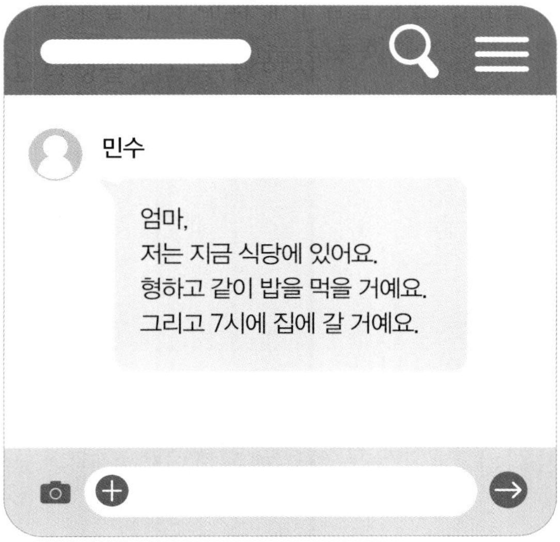

민수
엄마,
저는 지금 식당에 있어요.
형하고 같이 밥을 먹을 거예요.
그리고 7시에 집에 갈 거예요.

① 민수 씨는 아들입니다.
② 민수 씨는 일곱 시에 집에 갈 겁니다.
③ 민수 씨는 형하고 같이 집에 있습니다.
④ 민수 씨는 엄마에게 메시지를 보냈습니다.

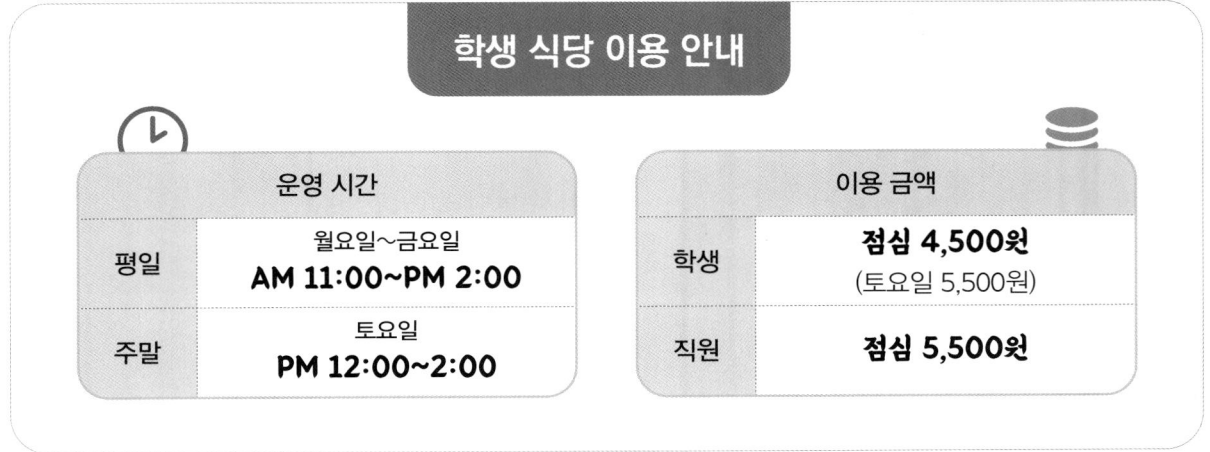

42.

학생 식당 이용 안내

운영 시간	
평일	월요일~금요일 **AM 11:00~PM 2:00**
주말	토요일 **PM 12:00~2:00**

이용 금액	
학생	**점심 4,500원** (토요일 5,500원)
직원	**점심 5,500원**

① 일요일에 문을 닫습니다.
② 토요일에 음식이 더 비쌉니다.
③ 학생만 밥을 먹을 수 있습니다.
④ 토요일 오전에 밥을 먹을 수 없습니다.

※ **[43~45] 다음을 읽고 내용이 같은 것을 고르십시오.**

43. (3점)

> 저는 매일 아침 산책을 합니다. 저녁에는 농구도 합니다. 그러나 동생은 운동을 싫어해서 매일 집에서 컴퓨터 게임만 합니다.

① 저는 아침에 농구를 합니다.
② 저는 동생과 같이 운동합니다.
③ 동생은 운동을 안 좋아합니다.
④ 동생은 매일 운동을 하고 게임도 합니다.

44. (2점)

> 오늘은 제 친구 수미 씨의 생일입니다. 친구 집에서 생일 파티를 할 겁니다. 저는 친구가 좋아하는 꽃하고 케이크를 샀습니다.

① 오늘 제 생일입니다.
② 수미 씨는 제 친구입니다.
③ 어제 생일 파티를 했습니다.
④ 저는 꽃하고 케이크를 좋아합니다.

45. (3점)

> 저는 사진 찍는 것을 좋아합니다. 그래서 시간이 있을 때 공원에 가서 사진을 찍습니다. 공원에서 친구들의 사진을 찍어서 선물로 줍니다.

① 저는 카메라가 없습니다.
② 저는 사진을 찍어서 팝니다.
③ 저는 공원에서 사진을 찍습니다.
④ 저는 사진 찍는 것을 좋아하지 않습니다.

※ [46~48] 다음을 읽고 중심 내용을 고르십시오.

46. (3점)

> 친구와 같이 영화를 보러 갑니다. 저는 무서운 영화를 보고 싶습니다. 무섭지만 재미있어서 보고 싶습니다.

① 저는 영화를 볼 겁니다.
② 저는 영화를 자주 봅니다.
③ 저는 재미있는 영화를 보고 싶습니다.
④ 저는 무서운 영화 보는 것을 좋아합니다.

47. (3점)

> 저는 요리를 좋아합니다. 내일은 한국 친구와 같이 한국 음식을 만들어 볼 겁니다. 맛있게 만들면 좋겠습니다.

① 저는 한국 음식을 좋아합니다.
② 저는 한국 음식이 맛있습니다.
③ 저는 한국 음식을 먹고 싶습니다.
④ 저는 한국 음식을 잘 만들고 싶습니다.

48. (2점)

> 할머니가 저를 보러 우리 집에 자주 옵니다. 그런데 어젯밤에 눈이 많이 와서 차도 막히고 사람도 다니기 힘듭니다. 할머니가 우리 집에 올 때 너무 힘들 것 같습니다.

① 저는 할머니를 걱정합니다.
② 저는 차가 막히니까 힘듭니다.
③ 저는 눈이 많이 와서 좋습니다.
④ 저는 날씨가 나쁠 때 집에 있습니다.

※ **[49~50] 다음을 읽고 물음에 답하십시오. (각 2점)**

저는 지금 한국에서 공부하고 있는 유학생입니다. 한국어를 배우고 있는데 한국어는 우리 나라 말과 달라서 아주 어렵습니다. 공부할 때 모르는 것이 나오면 한국 친구에게 물어봅니다. 그 한국 친구도 다른 나라에서 유학한 적이 있어서 제 마음을 잘 이해합니다. 그래서 제가 모르는 것을 물으면 항상 (㉠) 가르쳐 줍니다.

49. ㉠에 들어가는 말로 알맞은 것을 고르십시오.

① 친절한
② 친절하게
③ 친절하고
④ 친절하지만

50. 윗글의 내용과 같은 것을 고르십시오.

① 저는 한국에 살고 있습니다.
② 저는 한국어를 공부할 겁니다.
③ 저는 한국어가 어렵지 않습니다.
④ 저는 한국 친구를 많이 도와줍니다.

※ [51 ~ 52] 다음을 읽고 물음에 답하십시오.

저는 미국 사람인데 지금 한국에 삽니다. 제가 한국에 온 이유는 한국 가수를 좋아하기 때문입니다. 한국에 와서 제가 좋아하는 가수의 콘서트에 여러 번 갔습니다. 콘서트에서 노래를 들을 때 너무 행복했습니다. (㉠) 저는 계속 한국에 살면서 콘서트에 또 가고 싶습니다.

51. ㉠에 들어갈 말로 가장 알맞은 것을 고르십시오. (3점)

① 그러면 ② 그래서
③ 그리고 ④ 그렇지만

52. 무엇에 대한 내용인지 고르십시오. (2점)

① 콘서트에 가는 방법
② 콘서트에 가면 좋은 점
③ 한국에서 할 수 있는 일
④ 한국 생활이 즐거운 이유

※ [53~54] 다음을 읽고 물음에 답하십시오.

저는 매일 걸어서 출근을 합니다. 출근할 때 지하철이나 버스를 타면 회사까지 10분 정도 걸리는 거리지만 걸어서 갑니다. 가끔 춥거나 더울 때는 걷는 것이 조금 힘듭니다. 하지만 음악을 들으면서 걸으면 기분이 좋아집니다. 매일 (㉠) 몸과 마음이 건강해지는 것 같습니다.

53. ㉠에 들어갈 말로 가장 알맞은 것을 고르십시오. (2점)

① 걷거나　② 걷지만
③ 걸으러　④ 걸어서

54. 윗글의 내용과 같은 것을 고르십시오. (3점)

① 저는 회사에 갈 때 음악을 듣습니다.
② 저는 지하철과 버스로 회사에 갑니다.
③ 저는 건강이 안 좋아서 걷고 있습니다.
④ 저는 매일 아침에 운동을 하고 출근합니다,

※ [55~56] 다음을 읽고 물음에 답하십시오.

> 한국어를 공부할 때 도움이 되는 방법이 많습니다. 그중에서 한국 드라마를 보는 것이 제일 좋은 방법입니다. 한국 드라마를 많이 보면서 한국어를 들을 수 있어서 듣기 능력에 도움이 됩니다. 드라마를 보면서 배우의 말을 (㉠) 것도 좋습니다. 그렇게 따라서 말하면 말하기 능력도 좋아질 겁니다. 외국어를 공부할 때는 그 외국어를 많이 듣고 말하는 것이 제일 중요합니다.

55. ㉠에 들어갈 말로 가장 알맞은 것을 고르십시오. (2점)

① 써 보는　　② 듣지 않는

③ 만들려고 하는　　④ 똑같이 말해 보는

56. 윗글의 내용과 같은 것을 고르십시오. (3점)

① 공부할 때 드라마를 보면 재미있습니다.

② 드라마를 볼 때 듣기 능력이 중요합니다.

③ 드라마를 보면 말하기 능력이 좋아질 수 있습니다.

④ 한국 드라마를 보면 다른 외국어도 잘할 수 있습니다.

※ [57~58] 다음을 순서에 맞게 배열한 것을 고르십시오.

57. (3점)

> (가) 집에 가는데 갑자기 비가 내렸습니다.
> (나) 저는 우산이 없어서 마트 앞에 서 있었습니다.
> (다) 그 아이는 저에게 와서 "제 우산을 같이 써요."라고 말했습니다.
> (라) 그때, 옆집에 사는 아이가 마트에서 나오면서 저를 봤습니다.

① (가) - (나) - (다) - (라)　　② (가) - (나) - (라) - (다)
③ (나) - (가) - (다) - (라)　　④ (나) - (라) - (다) - (가)

58. (2점)

> (가) 그런데 이것은 다이어트에 좋은 방법이 아닙니다.
> (나) 그래서 나중에 더 많은 음식을 먹게 되기 때문입니다.
> (다) 다이어트를 하려고 음식을 조금만 먹는 사람들이 있습니다.
> (라) 음식을 조금만 먹으면 계속 배가 고파서 스트레스를 받습니다.

① (나) - (다) - (가) - (라)　　② (나) - (라) - (다) - (가)
③ (다) - (가) - (라) - (나)　　④ (다) - (라) - (나) - (가)

※ [59~60] 다음을 읽고 물음에 답하십시오.

저는 잠을 잘 때 꿈을 자주 꿉니다. (㉠) 어제는 호랑이가 나오는 꿈을 꿨는데 너무 무서웠습니다. (㉡) 한국 친구에게 말하니까 호랑이 꿈의 의미를 설명해 줬습니다. (㉢) 그리고 다른 동물들도 의미가 있습니다. (㉣) 우리 나라와 꿈의 의미가 달라서 재미있었습니다.

59. 다음 문장이 들어갈 곳으로 가장 알맞은 것을 고르십시오. (2점)

한국에서는 꿈에 나오는 호랑이는 건강한 아들을 의미합니다.

① ㉠ ② ㉡ ③ ㉢ ④ ㉣

60. 윗글의 내용과 같은 것을 고르십시오. (3점)

① 저는 무서운 꿈을 자주 꿉니다.
② 친구는 호랑이 꿈의 의미를 잘 압니다.
③ 우리 나라의 꿈 이야기가 재미있습니다.
④ 꿈에 나오는 동물은 모두 같은 의미가 있습니다.

※ [61 ~ 62] 다음을 읽고 물음에 답하십시오. (각 2점)

어제 특별한 서점에 갔습니다. 이 서점에서는 사장님이 추천해 주고 싶은 책만 팝니다. 그래서 보통 큰 서점에서 파는 인기 있는 책은 이 서점에서는 (㉠). 사장님이 매달 소개하는 책만 파는데 저도 한 권 샀습니다. 이번 달에는 봄에 어울리는 책을 팔고 있는데 저는 벌써 다음 달에 팔 책도 궁금해졌습니다.

61 ㉠에 들어갈 말로 가장 알맞은 것을 고르십시오.

① 사야 합니다　　② 살 수 없습니다
③ 사기 때문입니다　　④ 사기로 했습니다

62 윗글의 내용과 같은 것을 고르십시오.

① 이 서점은 보통 서점과 다릅니다.
② 이 서점은 매달 같은 책을 팝니다.
③ 저는 크고 인기 있는 서점에 갔습니다.
④ 저는 요즘 사람들이 많이 사는 책을 샀습니다.

※ [63~64] 다음을 읽고 물음에 답하십시오.

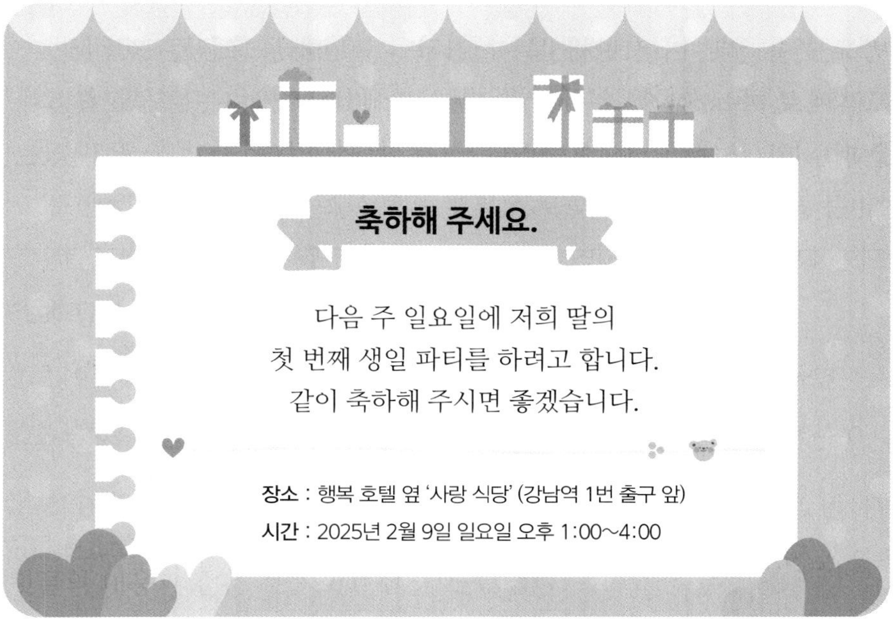
축하해 주세요.
다음 주 일요일에 저희 딸의
첫 번째 생일 파티를 하려고 합니다.
같이 축하해 주시면 좋겠습니다.
장소 : 행복 호텔 옆 '사랑 식당' (강남역 1번 출구 앞)
시간 : 2025년 2월 9일 일요일 오후 1:00~4:00

63. 왜 윗글을 썼는지 맞는 것을 고르십시오. (2점)

① 돌잔치를 취소하려고
② 돌잔치에 초대하려고
③ 돌잔치 장소를 바꾸려고
④ 돌잔치 시간을 물어보려고

64. 윗글의 내용과 같은 것을 고르십시오. (3점)

① 제 아이는 여자입니다.
② 호텔에서 생일 파티를 합니다.
③ 생일 파티는 한 시에 끝납니다.
④ 제 생일은 다음 주 일요일입니다.

※ [65~66] 다음을 읽고 물음에 답하십시오.

기숙사에는 특별한 책장이 있습니다. 자기에게는 (㉠) 다른 사람에게는 필요한 책을 그 책장에 넣으면 됩니다. 그리고 기숙사에 사는 사람은 모두 그 책장의 책을 가져가도 됩니다. 저도 지난번에 그 책장에 있는 책을 한 번 읽어 본 적이 있습니다. 다른 사람과 서로 마음을 나눌 수 있고 버리는 책도 줄어서 좋은 것 같습니다.

65 ㉠에 들어갈 말로 가장 알맞은 것을 고르십시오. (2점)

① 살 수 없지만
② 너무 비싸지만
③ 읽은 적 없지만
④ 필요하지 않지만

66 윗글의 내용과 같은 것을 고르십시오. (3점)

① 저는 이 책장이 필요하지 않습니다.
② 저는 이 책장의 책을 자주 읽습니다.
③ 기숙사 학생들은 모두 이 책장을 사용할 수 있습니다.
④ 기숙사 학생들은 이 책장의 책을 돈을 주고 사야 합니다.

※ [67~68] 다음을 읽고 물음에 답하십시오. (각 3점)

> 보통 날씨가 더우면 사람들은 시원한 음식을 찾게 됩니다. 그러나 한국 사람들은 더운 여름에 삼계탕처럼 뜨거운 음식을 즐겨 먹습니다. 삼계탕을 먹으면서 "시원하다."라는 말도 합니다. 뜨거운 음식을 먹은 후에는 땀이 많이 나는데 그때 몸 안의 열도 밖으로 같이 나오게 됩니다. 이렇게 (㉠) 우리의 몸이 시원해집니다. 그렇기 때문에 한국 사람들이 더운 날씨에도 뜨거운 음식을 먹는 것입니다.

67. ㉠에 들어갈 말로 가장 알맞은 것을 고르십시오.

① 음식이 시원하니까　　② 땀과 열이 나오니까
③ 날씨가 많이 더우니까　　④ 건강한 음식을 먹으니까

68. 윗글의 내용과 같은 것을 고르십시오.

① 삼계탕은 시원한 음식입니다.
② 시원한 음식을 먹으면 땀이 많이 납니다.
③ 한국 사람들은 여름에 뜨거운 것을 먹습니다.
④ 냉면을 먹으면 열이 밖으로 나와서 시원해집니다.

※ **[69~70] 다음을 읽고 물음에 답하십시오. (각 3점)**

저는 작년에 해외여행을 갔습니다. 한 도시에서 길을 잃어버렸습니다. 그때 경찰의 도움으로 호텔을 찾을 수 있었습니다. 어떤 친절한 부부는 저를 집에 초대해 줬습니다. 우리는 맛있는 식사도 하고 재미있게 이야기도 했습니다. 그들은 "우리 나라에 다시 오면 꼭 연락하세요."라며 작은 선물도 줬습니다. 제가 여행을 할 때 사람들은 항상 (㉠). 그래서 저도 다른 사람에게 도움을 주는 사람이 되려고 합니다.

69. ㉠에 들어갈 말로 가장 알맞은 것을 고르십시오.

① 길을 잃어버립니다
② 재미있는 이야기를 합니다
③ 저를 도와주려고 노력합니다
④ 같이 맛있는 음식을 먹습니다

70. 윗글의 내용과 같은 것을 고르십시오.

① 부부는 여행을 왔습니다.
② 경찰은 길을 찾아 줬습니다.
③ 저는 부부를 집에 초대했습니다.
④ 저는 해외에 간 경험이 없습니다.

MEMO

MEMO

MEMO

MEMO

FAST PASS
TOPIK I 실전 모의고사 문제집

지은이 황효영, 장소영, 나원주
펴낸이 정규도
펴낸곳 (주)다락원

초판 1쇄 인쇄 2025년 6월 5일
초판 1쇄 발행 2025년 6월 12일

편집 이숙희, 손여람, 오지은
디자인 김민지, 박희수, 안성민
녹음 김성희, 유선일

내용문의 (02)736-2031 내선 420~426
구입문의 (02)736-2031 내선 250~252
Fax. (02)732-2037
출판등록 1977년 9월 16일 제406-2008-000007호

ISBN 978-89-277-3349-2 14710
978-89-277-3339-3 (SET)

http://www.darakwon.co.kr
http://koreanbooks.darakwon.co.kr

다락원 홈페이지를 방문하시면 상세한 출판 정보와 함께
MP3 자료 등 다양한 어학 정보를 얻으실 수 있습니다.

다락원 한국어능력시험(TOPIK) 대비서

FAST PASS TOPIK 시리즈

- TOPIK 공략도 효과적으로, 실전 3회로 마무리!
- 핵심을 짚어 주는 해설로 구체적인 풀이 전략과 체득!
- QR로 제공되는 해설 강의로 올바른 영역별 맞춤 학습까지!

FAST PASS TOPIK II 실전 모의고사
나원주, 황효영, 장소영 | 256면 | 22,000원 (무료 MP3 & 무료 강의)

FAST PASS TOPIK I 실전 모의고사
황효영, 장소영, 나원주 | 160면 | 19,000원
(무료 MP3 + 무료 강의 + 무료 영어 해설 PDF)

- TOPIK 시험에 많이 나오는 어휘부터 효율적으로 학습!
- 기출 문장부터 확장 어휘까지 어휘를 폭넓게 이해!
- 어휘와 기출 문장을 구로 들으며 자연스럽게 암기!

FAST PASS TOPIK II 기출 어휘
장소영, 나원주, 구효정 | 384면 | 22,000원 (무료 MP3)

FAST PASS TOPIK I 기출 어휘
구효정, 장소영, 나원주 | 근간 예정

Complete Guide to the TOPIK 시리즈

- TOPIK 최신 출제 평가틀과 지시문을 반영한 Complete Guide to the TOPIK의 3번째 개정판
- 기출 문제 분석 – 연습 문제 이해 – 실전 모의고사로 이어지는 3단계 구성으로 고득점 획득!
- 저자 직강의 무료 특강을 보며 실전 감각을 익히고 토픽 문제 이해도 상승!

Complete Guide to the TOPIK I_Basic (3rd Edition)
김진애, 이지운 | 176면 | 17,000원 (무료 MP3 & 무료 저자 강의)

Complete Guide to the TOPIK II_Intermediate-Advanced (3rd Edition)
김진애, 이지운 | 352면 | 23,000원 (무료 MP3 & 무료 저자 강의)

- 유형 분석부터 실전 연습까지, TOPIK 말하기 시험 대비를 위한 단계적 가이드!
- TOPIK 말하기 평가 고득점을 위한 초급부터 고급까지 모든 답안 수록!
- 전문 성우의 녹음을 듣고 자연스러운 한국어 억양 습득!

Complete Guide to the TOPIK – Speaking
다락원 한국어 연구소 | 296면 | 20,000원 (무료 MP3)

FAST PASS

TOPIK I 실전 모의고사

유학, 취업, 정착 등 한국어를 배우는 목적이 점점 다양해지고 있습니다. 이에 따라 TOPIK은 한국어 실력을 객관적으로 증명하는 중요한 시험으로 자리 잡았습니다. 그중에서도 TOPIK I 은 초급 학습자들이 자신의 실력을 확인하고 다음 단계로 나아가기 위한 첫 관문입니다. 이번에 출간되는 *"FAST PASS TOPIK I 실전 모의고사"*는 그런 초급 학습자들의 눈높이에 맞춰 구성된 교재입니다. 기존에 *"FAST PASS TOPIK II 실전 모의고사"*와 마찬가지로 실제 시험과 유사한 문제 구성은 물론, 상세한 해설을 담은 '정답 및 해설집'이 별책으로 제공됩니다. 여기에 저자가 직접 문제 유형을 설명하는 동영상 강의까지 더해져, 독학 학습자에게 실질적인 도움이 될 것입니다. 특히 이번에는 영어 해설이 추가되어, 한국어가 아직 익숙하지 않은 학습자도 부담 없이 활용할 수 있습니다. TOPIK I 을 준비하는 모든 초급 학습자에게 이 교재가 실력을 점검하고 자신감을 쌓는 든든한 길잡이가 되기를 바라면서 자신 있게 추천합니다.

김영규
이화여자대학교 국제대학원 한국학과 교수

TOPIK I 은 한국어를 배우는 외국인 학습자가 가장 먼저 마주하게 되는 관문이자, 자신의 한국어 실력을 객관적으로 증명할 수 있는 지표가 되는 중요한 시험입니다. 그러나 실전 대비를 위한 적절한 교재를 찾는 일은 생각보다 쉽지 않습니다. 이런 점에서 *"FAST PASS TOPIK I 실전 모의고사"*는 학습자와 교사 모두에게 반가운 교재입니다. 실제 시험과 유사한 문제 구성 덕분에 처음 TOPIK I 을 준비하는 학습자도 자연스럽게 실전 감각을 익힐 수 있고, 각 문항에 이어지는 해설과 강의 자료를 통해 부담없이 차근차근 시험을 준비할 수 있을 것입니다. 특히 해외 대학의 한국어 수업 현장에서는 TOPIK II 응시가 드물기 때문에, TOPIK I 을 위한 이 교재의 출간은 더욱 반갑게 느껴집니다. TOPIK I 을 처음 준비하는 학습자에게는 마지막 점검용 교재로, 그리고 TOPIK 수업을 맡은 교사에게는 믿고 활용할 수 있는 자료로 권하고 싶습니다.

이지은
독일 프랑크푸르트 괴테대학교 한국어 강사

제가 처음 한국어를 배울 때 TOPIK I 시험을 준비한 적이 있습니다. 하지만 그때는 교재가 많지 않아, 이미 풀어 본 기출문제를 반복해서 풀 수밖에 없었습니다. 실제 시험과 비슷한 구성의 TOPIK I 교재가 더 많이 있었으면 좋겠다고 늘 아쉬워했던 기억이 납니다. 그래서 *"FAST PASS TOPIK I 실전 모의고사"* 같은 책이 그때도 있었더라면 좋았겠다는 생각이 듭니다. 실제 시험과 유사한 문제는 물론, 문제 유형을 설명한 동영상 강의도 제공되어 TOPIK을 처음 준비하는 분들에게 특히 도움이 될 것입니다. 또 3회분으로 구성되어 있어 가볍다는 점도 좋습니다. 과거의 저와 같은 고민을 하는 초급 학습자들에게, 부담없이 TOPIK 시험 준비를 시작하거나 가볍게 마무리용으로 풀 수 있는 이 책을 소개하고 싶습니다.

응우옌 황 마이 와잉
베트남 하노이대학교 졸업생

가격 **19,000**원
(본책 + 무료 MP3 + 무료 동영상 강의 + 무료 영어 해설 PDF)

14710
9 788927 733492
ISBN 978-89-277-3349-2
978-89-277-3339-3 (SET)

TOPIK에 합격하는
가장 빠른 방법!

FAST PASS

TOPIK I

유형별 문제 해설 강의

음원 mp3

영어 해설 PDF

황효영·장소영·나원주

정답 및 해설집

실전 모의고사

Full-length Practice Tests

다락원

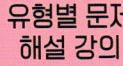

저자 소개

황효영

연세대학교 국어국문학과(한국어 교육) 박사 수료
연세대학교 외국어로서의 한국어 교육 석사
(현) 숭실대학교 국제교육원 한국어 강사
가톨릭대학교 한국어교육원 한국어 강사
(전) 가천대학교 한국어교육센터 한국어 강사
숭실대학교 경영대학원/정보과학대학원 한국어 강사
덕성여자대학교 글로벌교육원 한국어 교원 양성 과정 강사
영국 맨체스터 한인 학교 한국어 강사
중국 지린대학교 한국어과 원어민 강사

숭실대학교 숭실한국어1, 2 교재 집필 및 방송 콘텐츠 개발 연구원
방송통신대학교 프라임 방송 교재 집필 및 콘텐츠 개발 연구원
세종학당재단 세종학습앱 (중급 어휘) 개발 연구원
안녕하세요 한국어 활동책 초급1, 2권 (박문각, 2009) 공저
안녕하세요 한국어 활동책 중급1, 2권 (박문각, 2010) 공저
FAST PASS TOPIK Ⅱ 실전 모의고사 (다락원, 2024) 공저
FAST PASS TOPIK Ⅱ 기출어휘 (다락원, 2024) 공저

장소영

한국외국어대학교 글로벌문화콘텐츠학과 박사 수료
가톨릭대학교 외국인을 위한 한국어 교육 석사
(현) 가톨릭대학교 한국어교육원 한국어 강사
숭실대학교 국제교육원 한국어 강사
(전) 안양대학교 한국어교육센터 한국어 강사

세종학당재단 세종학습앱 (초급 어휘, 중급 어휘,
시사 어휘, 중급 문법) 개발 연구원
숭실대학교 숭실한국어 방송 콘텐츠 개발 연구원
숭실대학교 숭실한국어 온라인 교육 콘텐츠 개발 연구원
외국인을 위한 55 한국어 문법 (부민문화사, 2017) 공저
KSL 도란도란 한국어 활동집1 (다다르고, 2020) 공저
KSL 도란도란 한국어 활동집2 (다다르고, 2020) 공저
FAST PASS TOPIK Ⅱ 실전 모의고사 (다락원, 2024) 공저
FAST PASS TOPIK Ⅱ 기출어휘 (다락원, 2024) 공저

나원주

이화여자대학교 국제대학원 한국학과 박사
이화여자대학교 교육대학원 외국어로서의 한국어 교육 석사
(현) 이화여자대학교 국제대학원 강사
(전) 베트남 하노이대학교 강사
숭실대학교 베어드교양대학 강사
명지대학교 방목기초교육대학 초빙 교수
건국대학교 상허교양대학 강사

세종학당재단 세종학습앱 (초급 어휘, 중급 어휘,
시사 어휘, 중급 문법) 개발 연구원
KSL 도란도란 한국어 활동집1 (다다르고, 2020) 공저
KSL 도란도란 한국어 활동집2 (다다르고, 2020) 공저
FAST PASS TOPIK Ⅱ 실전 모의고사 (다락원, 2024) 공저
FAST PASS TOPIK Ⅱ 기출어휘 (다락원, 2024) 공저

FAST PASS TOPIK Ⅰ 실전 모의고사

정답 및 해설집

다락원

목 차

영역별 유형 무료 강의

듣기

읽기

제1회 한국어능력시험

정답 및 해설

Answer Key and Commentary

TOPIK Ⅰ

듣기, 읽기
(Listening, Reading)

English Commentary PDF ➤

듣기 (1번 ~ 30번)

점수: (　　)점/100점

유형별 해설 강의

1	2	3	4	5	6	7	8	9	10
①	④	②	②	②	①	①	②	①	③
11	12	13	14	15	16	17	18	19	20
①	③	②	④	③	③	③	①	②	④
21	22	23	24	25	26	27	28	29	30
②	④	④	④	③	④	①	①	④	④

1 맞는 대답 고르기

남자: 회사원이에요?
여자: ____________

① 네, 회사원이에요.
② 네, 회사원이 있어요.
③ 아니요, 회사원이 없어요.
④ 아니요, 회사원이 일해요.

해설
"회사원이에요?"라고 질문을 했습니다. 그러면 '네, 회사원이에요.' 또는 '아니요, 회사원이 아니에요.'라고 대답해야 합니다. 따라서 정답은 ① '네, 회사원이에요.'입니다.

TIP
'N이에요/예요?' 질문에는 '네, N이에요/예요.' 또는 '아니요, N이/가 아니에요.'로 대답합니다.

2 맞는 대답 고르기

여자: 책을 읽어요?
남자: ____________

① 네, 책을 사요.
② 네, 책이 비싸요.
③ 아니요, 책을 좋아해요.
④ 아니요, 책을 안 읽어요.

해설
"책을 읽어요?"라고 질문을 했습니다. 그러면 '네, 책을 읽어요.' 또는 '아니요, 책을 안 읽어요.'로 대답해야 합니다. 따라서 정답은 ④ '아니요, 책을 안 읽어요.'입니다.

TIP
'N을/를 V-아/어요?' 질문에는 '네, N을/를 V-아/어요.' 또는 '아니요, N을/를 안 V-아/어요.', '아니요, N을/를 V-지 않아요.'로 대답합니다.

3 맞는 대답 고르기

남자: 주말에 어디에 가요?
여자: ____________

① 자주 가요.
② 극장에 가요.
③ 친구와 가요.
④ 일요일에 가요.

해설
"어디에 가요?"라고 질문했습니다. 질문에 '어디'가 있으면 장소를 나타내는 단어를 사용하여 대답할 수 있습니다. 따라서 정답은 ② '극장에 가요.'입니다.

4 맞는 대답 고르기

여자: 언제 운동해요?
남자: ____________

① 동생이 운동해요.
② 주말에 운동해요.
③ 학교에서 운동해요.
④ 친구하고 운동해요.

해설
"언제 운동해요?"라고 질문했습니다. 질문에 '언제'가 있으면 시간을 답해야 합니다. 따라서 정답은 ② '주말에 운동해요.'입니다.

TIP
시간을 말할 때, '에'를 쓸 수 있는 것과 없는 것이 있으니까 주의하세요. '어제', '오늘', '내일' 뒤에는 '에'를 쓰지 않습니다.

예 주말에 친구를 만납니다. (O)
9시에 학교에 갑니다. (O)
내일에 운동합니다. (X) ➡ 내일 운동합니다. (O)
오늘에 친구를 만납니다. (X) ➡ 오늘 친구를 만납니다. (O)

5 이어지는 말 고르기

남자: 처음 뵙겠습니다.
여자: ______________

① 실례합니다. ② 반갑습니다. ③ 고맙습니다. ④ 환영합니다.

해설

"처음 뵙겠습니다."라는 인사를 받으면 똑같이 '처음 뵙겠습니다.' 또는 '반갑습니다.'라고 대답할 수 있습니다. 따라서 정답은 ② '반갑습니다.'입니다.

6 이어지는 말 고르기

여자: 여보세요? 거기 만나 식당이지요?
남자: ______________

① 네, 그런데요.
② 네, 어서 오세요.
③ 네, 다녀오겠습니다.
④ 네, 전화 바꿨습니다.

해설

"만나 식당이지요?"는 만나 식당이 맞는지를 확인하는 질문입니다. 이때 '네, 맞습니다.' 또는 '아닙니다.'라고 대답할 수 있습니다. 또 다르게 쓸 수 있는 표현으로 '네, 그런데요.', '아닌데요.'가 있습니다. 따라서 정답은 ① '네, 그런데요.'입니다.

7 장소 고르기

남자: 언제 비행기를 타요?
여자: 저녁 7시요.

① 공항 ② 식당 ③ 우체국 ④ 정류장

해설

비행기를 타는 시간을 물어봅니다. 비행기를 탈 수 있는 곳은 공항입니다. 따라서 정답은 ① '공항'입니다.

TIP

- 식당: 밥을 사 먹는 곳입니다.
- 우체국: 편지를 보낼 수 있는 곳입니다.
- 정류장: 버스를 탈 수 있는 곳입니다.

8 장소 고르기

여자: 어서 오세요.
남자: 머리가 아파요. 약 좀 주세요.

① 꽃집 ② 약국 ③ 문구점 ④ 백화점

해설

남자가 머리가 아파서 약을 찾습니다. 약을 파는 곳은 약국입니다. 따라서 정답은 ② '약국'입니다.

TIP

- 꽃집: 꽃을 파는 곳입니다.
- 문구점: 공책, 연필, 지우개 등을 파는 곳입니다.
- 백화점: 옷, 가방, 신발을 파는 곳입니다. 극장과 식당도 있습니다.

9 장소 고르기

남자: 방은 몇 층이에요?
여자: 3층 302호입니다.

① 호텔 ② 빵집 ③ 도서관 ④ 백화점

해설

남자가 방의 층을 물어봅니다. 네 장소 중에서 방에 대해 말할 수 있는 곳은 호텔입니다. 따라서 정답은 ① '호텔'입니다.

TIP

- 빵집: 빵을 파는 곳입니다.
- 도서관: 책을 빌릴 수 있는 곳입니다.

10 장소 고르기

여자: 이 코트를 입어 봐도 돼요?
남자: 네, 저기에서 입어 보세요.

① 교실 ② 사진관 ③ 옷가게 ④ 여행사

해설

코트는 옷입니다. 옷을 입어 볼 수 있는 곳은 옷가게입니다. 따라서 정답은 ③ '옷가게'입니다.

TIP

- 교실: 학교에 교실이 있습니다. 학생들이 공부하는 곳입니다.
- 사진관: 사진을 찍는 곳입니다.
- 여행사: 비행기 표를 살 수 있고, 여행에 대해 알아볼 수 있는 곳입니다.

11 화제 고르기

남자: 모두 얼마예요?
여자: 삼만 오천 원입니다.

① 가격 ② 날씨
③ 요일 ④ 나라

해설
남자는 "얼마예요?"라고 물어보고 여자는 "삼만 오천 원"이라고 대답합니다. 두 사람은 물건의 가격에 대해 말하고 있습니다. 따라서 정답은 ① '가격'입니다.

12 화제 고르기

여자: 내일 몇 시에 만나요?
남자: 세 시에 만나요.

① 고향 ② 여행
③ 시간 ④ 운동

해설
여자가 만나는 시간을 물어봅니다. 남자는 "세 시"라고 말합니다. 두 사람은 약속 시간에 대해 말하고 있습니다. 따라서 정답은 ③ '시간'입니다.

13 화제 고르기

남자: 도서관이 어디에 있어요?
여자: 저기에서 왼쪽으로 가세요.

① 계획 ② 위치
③ 취미 ④ 날씨

해설
남자는 도서관이 "어디에 있어요?"라고 물어봅니다. 여자는 "왼쪽으로 가세요."라고 알려 줍니다. 두 사람은 도서관의 위치에 대해 말하고 있습니다. 따라서 정답은 ② '위치'입니다.

14 화제 고르기

여자: 와, 눈이 많이 내려요.
남자: 한국은 겨울에 눈이 많이 와서 좋아요.

① 성격 ② 휴일
③ 약속 ④ 계절

해설
여자는 "눈이 내려요."라고 말하고 남자는 "한국은 겨울에 눈이 많이 와서 좋아요."라고 대답합니다. 한국의 사계절에는 봄, 여름, 가을, 겨울이 있습니다. 따라서 정답은 ④ '계절'입니다.

15 일치하는 내용 고르기

남자: 제가 문을 열어 줄게요.
여자: 도와주셔서 감사합니다.

①

②

③

④

해설
남자는 문을 열어 주려고 합니다. 여자는 "도와주셔서 감사합니다."라고 인사합니다. 도움이 필요한 여자에게 남자가 문을 열어 주려고 하는 그림을 찾아야 합니다. 따라서 정답은 ③입니다.

16 일치하는 내용 고르기

여자: 이 음식은 너무 맵네요.
남자: 이 물 좀 드세요.

①

②

③

④

해설
여자는 음식이 매워서 힘들어 합니다. 그래서 남자가 "물을 드세요."라고 말합니다. '드시다'는 '먹다'와 '마시다'의 높임말입니다. 두 사람이 밥을 먹고 있고 남자가 여자에게 물을 주는 그림을 찾아야 합니다. 따라서 정답은 ③입니다.

17 일치하는 내용 고르기

여자: 민수 씨, 어제 뭐 했어요?
남자: 어제 동생의 생일이어서 식당에서 파티를 했어요. 수미 씨는요?
여자: 저는 친구와 영화를 봤어요.

① 남자는 동생이 없습니다.
→ 남자는 어제 동생 생일 파티를 했다고 했습니다.
② 여자는 어제 생일이었습니다.
→ 어제는 남자의 동생 생일이었습니다.
③ 남자는 어제 식당에 갔습니다.
④ 여자는 생일 파티에 갔습니다.
→ 여자는 친구와 영화를 봤습니다.

18 일치하는 내용 고르기

남자: 어제 한국 문화 수업에서 불고기를 요리하는 방법을 배웠어요.
여자: 정말요? 제가 좋아하는 음식이에요.
남자: 제가 오늘 다시 만들려고 하는데 같이 만들래요?
여자: 와, 좋아요. 저도 만들고 싶어요. 가르쳐 주세요.

① 여자는 불고기를 좋아합니다.
② 남자는 요리를 배우지 않았습니다.
→ 어제 한국 문화 수업에서 불고기 요리하는 것을 배웠습니다.
③ 여자는 어제 불고기를 만들었습니다.
→ 남자는 어제 불고기를 만들었습니다.
④ 남자는 문화 수업에 가지 않았습니다.
→ 남자는 한국 문화 수업에서 불고기 요리하는 것을 배웠습니다.

19 일치하는 내용 고르기

여자: 어서 오세요.
남자: 이 사진에 있는 하얀 가방을 사고 싶은데요.
여자: 하얀색은 다 팔려서 없고, 여기 검정색과 파란색만 있습니다.
남자: 둘 다 예쁘네요. 그럼 두 개 다 주세요. 얼마예요?

① 남자는 가방을 사지 않았습니다.
→ 남자는 가방을 두 개 샀습니다.
② 남자는 검정색 가방을 샀습니다.
③ 여자는 남자에게 사진을 보여 줬습니다.
→ 남자가 여자에게 사진을 보여 줬습니다.
④ 여자는 남자에게 하얀색 가방을 팔았습니다.
→ 하얀색 가방은 다 팔려서 없습니다.

20 일치하는 내용 고르기

여자: 한 시간 후에 회의가 시작됩니다. 회의 준비는 다 했어요?
남자: 네, 이제 음료수만 준비하면 됩니다.
여자: 회의 자료는 어디에 있어요? 지금 좀 볼 수 있을까요?
남자: 회의실 책상에 두었는데 제가 가져오겠습니다.

① 남자는 회의 시간을 모릅니다.
→ 남자는 회의 시간을 알고 회의 준비를 하고 있었습니다.
② 남자는 회의 준비를 끝냈습니다.
→ 음료수는 아직 준비하지 못했습니다.
③ 여자는 회의 자료를 만들고 있습니다.
→ 회의 자료는 남자가 회의실에 두었습니다.
④ 여자는 회의 자료를 보고 싶어 합니다.

21 일치하는 내용 고르기

여자: 주말에 날씨가 좋으면 공원에 갈까요?
남자: 뉴스를 봤는데 토요일 아침부터 비가 올 거예요.
여자: 그럼 그냥 집에서 영화나 봐요. 무슨 영화를 볼래요?
남자: 비가 오니까 슬픈 영화를 보는 게 좋겠어요.

① 남자는 영화를 봤습니다.
→ 남자는 여자와 영화를 보려고 합니다.
② 여자는 주말에 영화를 보려고 합니다.
③ 여자는 슬픈 영화를 보고 싶어 합니다.
→ 남자는 슬픈 영화를 보고 싶어 합니다.
④ 남자는 주말에 여자와 공원에 갈 겁니다.
→ 주말에 비가 와서 공원에 안 가고 영화를 보려고 합니다.

22 중심 생각 고르기

남자: 아, 배고파요. 빨리 수업 끝나고 밥 먹으러 가고 싶어요.
여자: 아침 안 먹었어요? 아침에는 꼭 밥을 먹어야 해요.
남자: 일찍 일어나는 것이 힘들어요. 그래서 밥 먹을 시간도 없어요.
여자: 아침에 밥을 먹으면 힘이 나고 공부도 더 잘 될 거예요.

① 밥을 먹으러 가고 싶습니다.
② 아침에 일찍 일어나야 합니다.
③ 학생은 공부를 잘해야 합니다.
④ 아침에 밥을 먹는 것이 좋습니다.

해설

여자는 "아침에 꼭 밥을 먹어야 해요." 라고 말했습니다. 그리고 "아침에 밥을 먹으면 힘이 나고 공부도 더 잘 될 거예요." 라고 이유를 말했습니다. 중심 생각을 나타내는 문장에는 문법 'V-아/어야 하다'를 자주 사용합니다. 따라서 정답은 ④ '아침에 밥을 먹는 것이 좋습니다.'입니다.

23 중심 생각 고르기

여자: 여름 방학에 어디로 여행을 갈까요? 산에 갈까요?
남자: 저는 산보다 바다가 더 좋은데 바다에 가는 게 어때요?
여자: 좋아요. 여름에만 바다에서 수영할 수 있으니까 바다가 더 좋을 것 같네요.
남자: 그럼 제가 괜찮은 곳을 좀 찾아볼게요.

① 친구와 같이 여행해야 합니다.
② 산으로 여행을 가면 좋겠습니다.
③ 방학에 여행을 많이 가고 싶습니다.
④ 여름에는 바다에 가는 것이 좋습니다. ✔

해설

여자는 "여름에만 바다에서 수영할 수 있으니까 바다가 더 좋을 것 같네요."라고 말했습니다. 중심 생각을 나타낼 때는 '더 좋다, 더 괜찮다, 더 낫다'라는 표현을 자주 사용합니다. 따라서 정답은 ④ '여름에는 바다에 가는 것이 좋습니다.'입니다.

24 중심 생각 고르기

남자: 수미 씨, 오늘 일도 많이 했는데 좀 쉬는 게 어때요?
여자: 조금 피곤하지만 독서는 매일 해야 해서요.
남자: 오늘은 쉬고 내일 많이 읽으면 되지요. 하루 정도 쉬는 것도 괜찮아요.
여자: 책은 조금씩 매일 읽는 것이 중요해요. 조금만 더 읽고 쉴게요.

① 독서를 많이 하고 싶습니다.
② 피곤하지만 일을 해야 합니다.
③ 피곤할 때는 푹 쉬고 싶습니다.
④ 독서는 매일 하는 것이 좋습니다. ✔

해설

여자는 "독서는 매일 해야 해서요."라고 말하고 "책은 조금씩 매일 읽는 것이 중요해요."라고 했습니다. 이렇게 중심 생각에는 나타낼 때는 문법 'V-아/어야 하다', 'V-는 것이 좋다/낫다/중요하다'를 자주 사용합니다. 따라서 정답은 ④ '독서는 매일 하는 것이 좋습니다.'입니다.

[25-26] 대화 듣고 물음에 답하기

여자: 아파트 주민 여러분, 안녕하세요? 내일 엘리베이터 청소를 합니다. A동 엘리베이터는 오전 열 시부터 오후 한 시까지, B동 엘리베이터는 오후 세 시부터 오후 여섯 시까지 청소합니다. 청소 시간에는 엘리베이터를 이용할 수 없으니 계단을 이용해 주십시오. 주민 여러분의 이해 부탁드리겠습니다. 감사합니다.

25 화자의 의도/목적 고르기

① 계단 위치를 가르쳐 주려고
② 계단 이용 시간을 알려 주려고
③ 엘리베이터 청소 시간을 안내하려고 ✔
④ 엘리베이터 청소 방법을 설명하려고

해설

여자가 아파트 주민에게 안내 방송을 합니다. 이 여자가 무엇을 위해서 방송하는지 찾으면 됩니다. 여자는 엘리베이터 청소하는 시간을 알려 주려고 방송하고 있습니다. 따라서 정답은 ③ '엘리베이터 청소 시간을 안내하려고'입니다.

26 일치하는 내용 고르기

① 이 아파트는 내일 계단 청소를 합니다.
→ 이 아파트는 내일 엘리베이터 청소를 합니다.
② 이 아파트는 엘리베이터가 한 대 있습니다.
→ 이 아파트는 엘리베이터가 두 대(A동 엘리베이터, B동 엘리베이터) 있습니다.
③ 이 아파트 엘리베이터 청소는 오전에 끝납니다.
→ 이 아파트 A동 엘리베이터 청소는 오후 한 시에 끝나고 B동 엘리베이터 청소는 오후 여섯 시에 끝납니다.
④ 이 아파트 엘리베이터 청소 시간에는 계단을 이용해야 합니다. ✔

[27-28] 대화 듣고 물음에 답하기

남자: 하루 중 언제 운동을 하는 것이 좋습니까?
여자: 운동은 아침보다 밤에 하는 것이 더 좋습니다.
남자: 저는 일이 늦게 끝나서 밤에 운동하는 것이 힘든데 어떡하지요?
여자: 밤에 운동을 하면 좋지만 안 되면 시간을 정해서 운동을 하면 됩니다.
남자: 네, 꼭 밤에 해야 하는 건 아니군요.
여자: 아침이나 밤이 중요한 것은 아니고 자기와 약속한 시간에 계속 운동을 하는 것이 중요합니다.

27 화제 고르기

① 운동하면 좋은 시간
② 운동할 때 좋은 장소
③ 운동이 필요한 사람들
④ 운동할 때 조심해야 하는 것

해설

두 사람이 무엇에 대해서 대화하는지 찾아야 합니다. 대화에 가장 많이 나오는 단어가 무엇인지 알면 정답을 찾기 쉽습니다. 두 사람의 대화에서 '언제', '아침', '밤', '시간'이 많이 나왔습니다. 따라서 정답은 ① '운동하면 좋은 시간'입니다.

28 일치하는 내용 고르기

① 운동을 계속 하는 것이 중요합니다.
② 밤보다 아침에 하는 운동이 더 좋습니다.
→ 운동은 아침보다 밤에 하는 것이 더 좋습니다.
③ 밤에 운동을 하면 하루가 빨리 끝납니다.
→ 대화에 나오지 않아서 알 수 없습니다.
④ 늦게 일어나는 사람은 밤에 운동하면 좋습니다.
→ 아침이나 밤이 중요한 것은 아닙니다.

[29-30] 대화 듣고 물음에 답하기

남자: 축하합니다. 올해도 최고 여자 배우 상을 받으셨네요. 기분이 어떠세요?
여자: 네, 작년에도 받았는데 올해 또 받게 돼서 너무 기쁩니다.
남자: 영화 음악에도 참여하셨지요? 어떠셨어요?
여자: 처음으로 노래를 불러 봤는데요. 너무 어려웠어요. 하지만 제가 나온 영화니까 직접 부르면 영화의 분위기를 더 잘 전할 수 있을 것 같았어요.
남자: 다음 영화도 벌써 찍고 계시지요?
여자: 네, 그동안 찍은 영화와 아주 다른 내용의 영화니까 많은 관심 부탁드립니다.

29 의도/목적/이유 고르기

① 상을 계속 받고 싶어서
② 사람들에게서 많은 관심을 받아서
③ 그동안 찍은 영화와 다른 느낌을 주고 싶어서
④ 영화의 분위기를 잘 보여 줄 수 있을 것 같아서

해설

여자가 노래하게 된 이유를 찾아야 합니다. '노래를 부르다'의 앞이나 뒤에 이유를 나타내는 문장을 찾으면 됩니다. 따라서 정답은 ④ '영화의 분위기를 잘 보여 줄 수 있을 것 같아서'입니다.

30 일치하는 내용 고르기

① 여자는 영화 음악을 만들었습니다.
→ 여자는 영화 노래를 불렀습니다.
② 여자는 처음으로 상을 받았습니다.
→ 여자는 작년에도 상을 받았고 올해도 받았습니다.
③ 여자는 영화에서 가수로 나왔습니다.
→ 여자는 영화 노래를 불렀습니다.
④ 여자는 지금 새로운 영화를 찍고 있습니다.

제 1 회

읽기 (31번 ~ 70번)

점수: (   )점/100점

유형별 해설 강의

31	32	33	34	35	36	37	38	39	40
①	③	④	③	①	④	①	③	②	④
41	**42**	**43**	**44**	**45**	**46**	**47**	**48**	**49**	**50**
②	④	②	②	②	①	①	④	③	③
51	**52**	**53**	**54**	**55**	**56**	**57**	**58**	**59**	**60**
①	③	④	③	①	④	②	②	①	②
61	**62**	**63**	**64**	**65**	**66**	**67**	**68**	**69**	**70**
②	④	①	①	④	③	④	①	④	②

31 화제 고르기

아버지와 어머니가 있습니다. 그리고 형도 있습니다.

① 가족 ② 이름
③ 나이 ④ 시간

해설

아버지, 어머니, 형은 가족 관계의 단어입니다. 따라서 정답은 ① '가족'입니다.

32 화제 고르기

저는 영화를 좋아합니다. 영화를 자주 보러 갑니다.

① 나라 ② 시간
③ 극장 ④ 운동

해설

영화를 좋아해서 영화를 자주 보러 갑니다. 영화를 보는 곳은 '영화관'이나 '극장'입니다. 따라서 정답은 ③ '극장'입니다.

33 화제 고르기

토요일에 친구를 만납니다. 같이 이야기를 할 겁니다.

① 공부 ② 쇼핑
③ 회의 ④ 약속

해설

토요일에 친구를 만나기로 했습니다. 약속은 시간을 정하고 만나는 것입니다. 따라서 정답은 ④ '약속'입니다.

34 빈칸에 알맞은 말 고르기

친구와 (   )에 갑니다. 옷을 삽니다.

① 집 ② 학교
③ 백화점 ④ 꽃가게

해설

'(   )에 가다'는 'N에 가다'입니다. 여기에서 N은 '장소'입니다. 네 장소 중 옷을 살 수 있는 곳은 백화점입니다. 따라서 정답은 ③ '백화점'입니다.

TIP
- 집: 사람이 사는 곳입니다.
- 학교: 선생님이 학생들을 가르치는 곳입니다.
- 꽃가게: 꽃을 파는 곳입니다.

35 빈칸에 알맞은 말 고르기

이메일을 씁니다. 컴퓨터(   ) 보냅니다.

① 로 ② 도
③ 에 ④ 에게

해설

알맞은 '조사'를 고르는 문제입니다. 이메일은 컴퓨터를 사용해서 보냅니다. 이때 '수단' 또는 '도구'를 나타내는 조사인 '로'를 써야 합니다. 따라서 정답은 ① '로'입니다.

36 빈칸에 알맞은 말 고르기

시장이 (　　　　). 사람이 많습니다.

① 맵습니다　② 비쌉니다
③ 가깝습니다　④ 시끄럽습니다 ✔

해설
알맞은 '형용사'를 고르는 문제입니다. 시장에 사람이 많으면 시끄럽습니다. 따라서 정답은 ④ '시끄럽습니다'입니다.

37 빈칸에 알맞은 말 고르기

식당 음식이 맛있습니다. (　　　　) 손님이 많이 옵니다.

① 항상 ✔　② 전혀
③ 가끔　④ 아까

해설
알맞은 '부사'를 고르는 문제입니다. 식당 음식이 맛있으면 손님이 '항상' 많이 올 것이라고 생각할 수 있습니다. 따라서 정답은 ① '항상'입니다.

TIP
- 가끔: 자주 오지 않는 것입니다.
- 아까: 얼마 전의 시간을 말합니다.
- 전혀: 뒤에 '안'이나 '못'을 사용해야 합니다.

38 빈칸에 알맞은 말 고르기

친구와 노래방에 갑니다. 같이 노래를 (　　　　).

① 켭니다　② 탑니다
③ 부릅니다 ✔　④ 걷습니다

해설
알맞은 '동사'를 고르는 문제입니다. 명사 '노래'와 함께 쓰는 동사는 '하다' 또는 '부르다'입니다. 따라서 정답은 ③ '부릅니다'입니다.

39 빈칸에 알맞은 말 고르기

방이 덥습니다. 창문을 (　　　　).

① 쉽니다　② 엽니다 ✔
③ 만듭니다　④ 읽습니다

해설
알맞은 '동사'를 고르는 문제입니다. 방이 더우면 창문을 열어야 합니다. 따라서 정답은 ② '엽니다'입니다.

40 일치하지 않는 내용 고르기

****

서울 마트

****

☎02-3890-0822
2026.02.03.

우유	1,200원
과자	2,000원
	3,200원

① 과자를 샀습니다.
② 우유는 천이백 원입니다.
③ 이월에 가게에 갔습니다.
④ 영수증에 마트 전화번호가 없습니다. ✔
➜ 마트 전화번호(02-3890-0822)가 있습니다.

41 일치하지 않는 내용 고르기

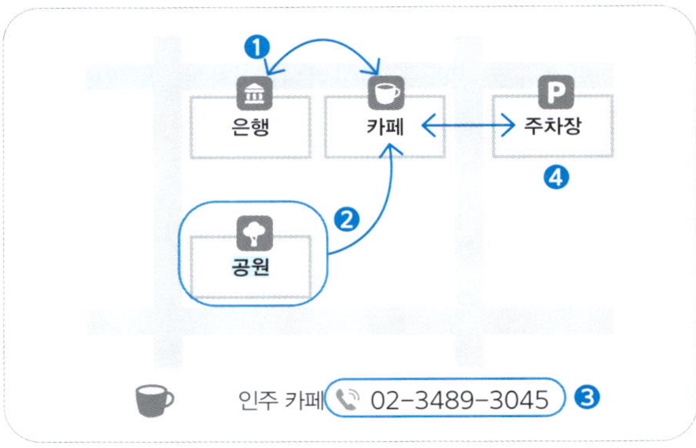

① 카페 옆에 은행이 있습니다.
② 공원 안에 카페가 있습니다. ✔
➜ 공원 밖에 카페가 있습니다.
③ 카페에 전화할 수 있습니다.
④ 카페 건너편에 주차장이 있습니다.

42 일치하지 않는 내용 고르기

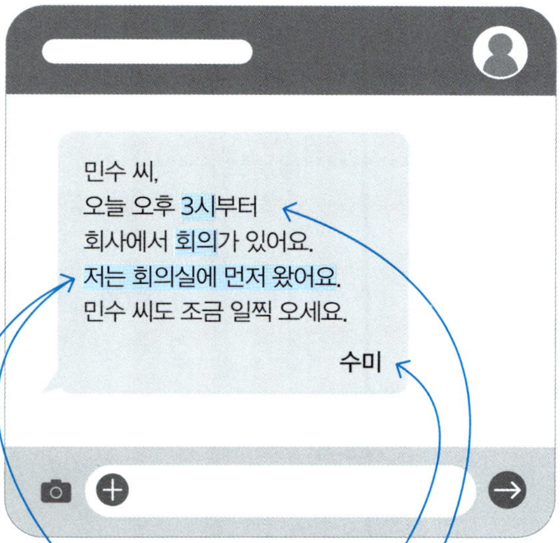

민수 씨,
오늘 오후 3시부터
회사에서 회의가 있어요.
저는 회의실에 먼저 왔어요.
민수 씨도 조금 일찍 오세요.
수미

① 수미 씨는 회사에 있습니다.
② 수미 씨는 메시지를 보냈습니다.
③ 수미 씨는 오후에 회의가 있습니다.
④ 수미 씨는 세 시에 회의실에 갈 겁니다.
→ 수미 씨는 회의실에 먼저 왔습니다.

43 일치하는 내용 고르기

저와 제 친구는 운동을 좋아합니다. 저는 일주일에 세 번 수영장에 갑니다. 친구는 주말에 공원에 가서 자전거를 탑니다.

① 저는 주말에 수영합니다.
→ 저는 일주일에 세 번 수영합니다.
② 저는 운동을 자주 합니다.
③ 친구는 수영을 좋아합니다.
→ 대화에 나오지 않아서 알 수 없습니다.
④ 친구는 매일 자전거를 탑니다.
→ 친구는 주말에 자전거를 탑니다.

44 일치하는 내용 고르기

백화점에서 일주일 동안 옷을 싸게 팝니다. 저는 주말에 바지를 사러 백화점에 갔습니다. 백화점에는 싸고 예쁜 옷이 아주 많았습니다.

① 저는 예쁜 옷이 많습니다.
→ 백화점에 예쁜 옷이 아주 많았습니다.
② 저는 바지를 사고 싶었습니다.
③ 백화점의 옷이 조금 비쌉니다.
→ 백화점에는 싸고 예쁜 옷이 아주 많았습니다.
④ 백화점은 매일 옷을 싸게 팝니다.
→ 백화점에서 일주일 동안 옷을 싸게 팝니다.

45 일치하는 내용 고르기

오늘 한국어 읽기와 쓰기 시험을 봅니다. 저는 한국어 쓰기를 못해서 어제 도서관에서 열심히 공부했습니다. 저는 시험을 잘 보고 싶습니다.

① 저는 시험을 잘 봤습니다.
→ 오늘 시험을 봅니다.
② 저는 어제 시험 공부를 했습니다.
③ 저는 한국어 쓰기가 어렵지 않습니다.
→ 저는 한국어 쓰기를 못합니다.
④ 저는 시험이 끝나고 도서관에 갈 겁니다.
→ 저는 오늘 시험을 봐서 어제 도서관에 공부하러 갔습니다.

46 중심 내용 고르기

요즘 고향에 가지 않는 사람들이 많습니다. 하지만 저는 고향에 가는 것이 좋습니다. 고향에 가면 부모님과 친구를 만날 수 있습니다.

① 저는 고향에 가고 싶습니다.
② 저는 친구를 만나려고 합니다.
③ 저는 부모님과 살고 싶습니다.
④ 저는 고향에 가는 것이 힘듭니다.

해설
고향에 가지 않는 사람들이 많지만 이 사람은 고향에 가는 것이 좋다고 말했습니다. 중심 생각을 표현하는 문장에는 문법 'V-는 것이 좋다/낫다/중요하다'를 자주 사용합니다. 따라서 정답은 ① '저는 고향에 가고 싶습니다.'입니다.

47 중심 내용 고르기

저는 회사에서 매일 삼십 분쯤 산책을 합니다. 오늘도 점심을 먹고 산책을 할 겁니다. 저는 산책 후에 기분이 좋아서 일도 열심히 합니다.

① 저는 산책하는 것이 즐겁습니다.
② 저는 일을 하면 기분이 좋습니다.
③ 저는 매일 점심을 먹고 싶습니다.
④ 저는 회사에서 열심히 일할 겁니다.

해설
"저는 매일 산책을 하고 오늘도 산책을 할 겁니다. 산책을 하면 기분이 좋습니다."라고 말했습니다. 이 사람은 산책하는 것이 좋아서 매일 산책을 합니다. 따라서 정답은 ① '저는 산책하는 것이 즐겁습니다.'입니다.

43 중심 내용 고르기

저는 겨울에 감기에 잘 걸립니다. 그래서 보통 날씨가 추우면 집에 있습니다. 집에서 따뜻한 차를 마시면서 시간을 보내려고 합니다.

① 저는 겨울에 차를 많이 마실 겁니다.
② 저는 추울 때 집에 있는 것이 싫습니다.
③ 저는 겨울에 밖에 나가는 것이 즐겁습니다.
④ 저는 겨울에 감기에 걸리고 싶지 않습니다.

해설

이 사람은 겨울에 감기에 잘 걸리기 때문에 추운 날에는 집에 있습니다. 그리고 집에서 따뜻한 차를 마시고, 집에서 시간을 보내려고 합니다. 그 이유는 감기에 걸리고 싶지 않기 때문입니다. 따라서 정답은 ④ '저는 겨울에 감기에 걸리고 싶지 않습니다.'입니다.

[49-50] 글을 읽고 물음에 답하기

민수 씨는 지난달에 새집으로 이사를 했습니다. 민수 씨는 이사 후에 친구들을 초대했습니다. 저도 민수 씨의 새집 파티에 갔습니다. 새집 파티에 갈 때는 보통 휴지를 (㉠) 저는 특별한 선물을 주고 싶었습니다. 그래서 민수 씨가 좋아하는 그림을 골라서 선물했습니다. 민수 씨는 아주 기뻐했습니다.

49 빈칸에 알맞은 말 고르기

① 선물하고
② 선물하면서
③ 선물하는데
④ 선물했지만

해설

(㉠) 앞에서 "새집 파티에 갈 때 보통 휴지를 선물합니다."라고 말했습니다. (㉠) 뒤에서 "저는 특별한 선물을 주고 싶었습니다."라고 말했습니다. 휴지는 일상생활에서 사용하는 물건으로 특별한 선물은 아닙니다. 따라서 '반대'를 나타내는 문법 'A/V-지만', 'A/V-(으)ㄴ/는데'을 사용하면 좋습니다. 따라서 정답은 ③ '선물하는데'입니다.

50 일치하는 내용 고르기

① 저는 지난달에 이사했습니다.
→ 민수 씨는 지난달에 새집으로 이사했습니다.
② 저는 민수 씨에게 휴지를 줬습니다.
→ 저는 그림을 골라서 선물했습니다.
③ 민수 씨는 제 선물을 아주 좋아했습니다.
④ 민수 씨는 친구들에게 그림을 받았습니다.
→ 민수 씨는 저에게 그림을 받았습니다.

[51-52] 글을 읽고 물음에 답하기

김밥이 요즘 인기가 많아서 외국에서도 김밥을 찾는 사람이 많아졌습니다. 저는 가게에서 사지 않고 집에서 자주 만들어 먹습니다. 제가 좋아하는 계란, 치즈를 넣고, 싫어하는 오이를 뺄 수 있기 때문입니다. (㉠) 주말에 소풍을 갈 때 친구의 김밥에는 친구가 좋아하는 재료를 넣어 줄 겁니다.

51 빈칸에 알맞은 말 고르기

① 그래서　② 그리고
③ 그러나　④ 그러면

해설

(㉠) 뒤에서 "친구가 좋아하는 재료를 넣어 줄 겁니다."라고 말했습니다. 그렇게 할 수 있는 이유는 (㉠) 앞에 있습니다. 김밥을 만들 때 좋아하는 재료를 넣고, 싫어하는 재료를 뺄 수 있기 때문입니다. 따라서 (㉠)에는 '이유'를 나타내는 접속 부사 '그래서'를 사용해야 합니다. 따라서 정답은 ① '그래서'입니다.

52 화제 고르기

① 김밥을 파는 장소
② 김밥을 먹는 방법
③ 김밥을 만드는 이유
④ 김밥을 사면 좋은 점

해설

무엇에 대한 글인지 찾아야 합니다. 가장 많이 나오는 단어가 무엇인지 알면 정답을 찾기 쉽습니다. '만들다', '재료', '넣다', '빼다' 등의 단어는 모두 음식을 만들 때 사용하는 단어입니다. 따라서 정답은 ③ '김밥을 만드는 이유'입니다.

[53-54] 글을 읽고 물음에 답하기

저는 지난주에 다리를 다쳐서 병원에 입원했습니다. 몸을 움직일 수 없어서 침대에 계속 누워 텔레비전을 (㉠) 책을 읽었습니다. 그런데 어제는 친구들이 찾아왔습니다. 친구들은 학교에서 배운 것도 알려 주고 학교에서 생긴 재미있는 일도 말해 줬습니다. 오랜만에 친구들과 함께 있어서 행복했습니다.

53 빈칸에 알맞은 말 고르기

① 보면　② 봐서
③ 보지만　④ 보거나

해설

침대에 누워서 하는 일에 대해서 말하고 있습니다. (㉠) 앞에는 텔레비전, (㉠) 뒤에는 책이 나옵니다. 보통 텔레비전 보기와 책 읽기 중에 하나만 할 수 있습니다. 따라서 '선택'을 나타내는 문법 'A/V-거나'를 사용할 수 있습니다. 따라서 정답은 ④ '보거나'입니다.

54 일치하는 내용 고르기

① 친구들은 병원에서 책을 읽어 줬습니다.
→ 친구들은 학교에서 배운 것도 알려 주고 학교에서 생긴 재미있는 일도 말해 줬습니다.

② 저는 다리가 아파서 병원에 다녀왔습니다.
→ 저는 다리를 다쳐서 병원에 입원했습니다.

✔③ 친구들은 학교에서 재미있는 일이 있었습니다.

④ 저는 어제도 친구들을 만나서 기분이 좋았습니다.
→ 오랜만에 친구들을 만났습니다.

[55-56] 글을 읽고 물음에 답하기

달리기를 할 때는 운동화가 아주 중요합니다. 비싼 운동화가 좋은 것이 아니고 내 발에 맞는 운동화가 좋습니다. 그래서 운동화를 고를 때는 발이 불편하지 않은 것을 선택해야 합니다. 특히 신발의 크기가 중요합니다. 작은 신발은 발이 붓기 때문에 조심해야 합니다. 그래서 달리기를 잘하려면 (㉠) 운동화를 준비해야 합니다.

55 빈칸에 알맞은 말 고르기

✔① 발이 편한
② 크기가 작은
③ 가격이 비싼
④ 색깔이 예쁜

해설

"달리기를 할 때는 운동화가 아주 중요합니다."라고 말했습니다. 발에 맞고, 발이 불편하지 않은 운동화를 선택해야 합니다. 따라서 정답은 ① '발이 편한'입니다.

56 일치하는 내용 고르기

① 운동화가 크면 발이 잘 붓습니다.
→ 작은 신발은 발이 붓습니다.

② 운동화는 싼 것보다 비싼 것이 좋습니다.
→ 비싼 운동화가 좋은 것이 아니고 내 발에 맞는 운동화가 좋습니다.

③ 달리기를 할 때 조금 작은 운동화가 좋습니다.
→ 작은 신발은 발이 붓기 때문에 조심해야 합니다.

✔④ 달리기를 할 때는 발에 맞는 운동화를 신어야 합니다.

57 알맞은 순서로 배열한 것 고르기

(가) 저는 주말에 친구들과 한강 공원에 갔습니다.
(나) 한강을 보면서 먹는 라면은 정말 맛있었습니다.
(다) 자전거를 탄 후에 가게에 가서 라면을 먹었습니다.
(라) 우리는 거기에서 자전거를 타고 한강 공원을 달렸습니다.

① (가) - (나) - (다) - (라)
✔② (가) - (라) - (다) - (나)
③ (라) - (가) - (나) - (다)
④ (라) - (나) - (다) - (가)

해설

주말에 한 일에 대한 글입니다. (가) 문장에서 "저는 주말에 친구들과 한강 공원에 갔습니다."라고 했습니다. 그래서 (가) 문장이 시작 문장이 됩니다. 다음 문장은 앞에서 나온 단어를 따라 찾으면 됩니다. "우리는 거기에서 자전거를 타고 한강 공원을 달렸습니다." → "자전거를 탄 후에 가게에 가서 라면을 먹었습니다." → "한강을 보면서 먹는 라면은 맛있었습니다."의 순서가 됩니다. 따라서 정답은 ② '(가) – (라) – (다) – (나)'입니다.

58 알맞은 순서로 배열한 것 고르기

(가) 스마트폰은 우리 생활에 많은 도움이 됩니다.
(나) 그래서 오랜 시간 계속 사용하지 않아야 합니다.
(다) 그러나 너무 많이 사용하면 건강에 안 좋습니다.
(라) 눈도 나빠지고 어깨와 목도 안 좋아질 수 있습니다.

① (가) - (나) - (다) - (라)
✔② (가) - (다) - (라) - (나)
③ (라) - (나) - (다) - (가)
④ (라) - (다) - (나) - (가)

해설

스마트폰과 건강에 대한 글입니다. (가) 문장에서 "스마트폰은 우리 생활에 도움이 많이 됩니다."라고 했습니다. 다른 세 문장은 스마트폰을 오래 사용하면 생기는 건강 문제에 대해서 말하고 있습니다. (가) 문장에만 주제어인 '스마트폰'이 있으므로 (가) 문장이 시작 문장이 됩니다. 그리고 (가) 뒤에는 "그러나 너무 많이 사용하면 건강에 안 좋습니다."로 연결되어야 합니다. 다음은 "눈도 나빠지고 어깨와 목도 안 좋아질 수 있습니다." → "그래서 오랜 시간 계속 사용하지 않아야 합니다."의 순서가 됩니다. 따라서 정답은 ② '(가) – (다) – (라) – (나)'입니다.

[59-60] 글을 읽고 물음에 답하기

고향에서는 음식을 먹고 싶을 때 밖에서 사 먹거나 만들어 먹었습니다. (㉠) 자장면, 피자, 김치찌개까지 거의 모든 음식을 집에서 먹을 수 있습니다. (㉡) 그런데 배달 문화는 아주 과거에도 있었습니다. (㉢) 인기 있는 음식을 주문하면 집으로 배달을 해 줬습니다. (㉣) 또 아침 일찍 음식을 배달해 주는 서비스도 인기가 있었습니다.

59 문장이 들어갈 위치 고르기

한국은 배달 서비스가 있어서 편리합니다.

✔① ㉠ ② ㉡
③ ㉢ ④ ㉣

해설

"자장면, 피자, 김치찌개까지 거의 모든 음식을 집에서 먹을 수 있습니다."는 한국 배달 서비스가 어떻게 편리한지 자세하게 설명하는 문장입니다. 그래서 주어진 문장은 이 문장의 앞이나 뒤에 와야 합니다. 그런데 ㉡에 이 문장이 들어가면 고향 이야기 뒤에 바로 자장면, 피자, 김치찌개의 내용이 이어지기 때문에 맞지 않습니다. 따라서 정답은 ① '㉠'입니다.

60 일치하는 내용 고르기

① 저는 항상 배달을 시켜 먹습니다.
→ 집에서 음식을 먹고 싶을 때 배달을 시킵니다.

✔② 배달 서비스는 옛날부터 있었습니다.

③ 특별한 음식만 배달을 시킬 수 있습니다.
→ 인기 있는 음식을 주문하면 배달해 줬습니다.

④ 아침에만 배달 서비스를 이용할 수 있습니다.
→ 아침 일찍 배달해 주는 서비스도 있었습니다.

[61-62] 글을 읽고 물음에 답하기

> 저는 친구와 인주섬에 여행을 갔습니다. 인주섬은 드라마 촬영 장소로 유명한 곳입니다. 인주섬은 작지만 아름답습니다. 우리는 강가를 걸으면서 사진도 찍고 아이스크림도 먹었습니다. 섬의 경치가 정말 아름다워서 지금도 잊을 수가 없습니다. 그래서 저와 친구는 내년에 인주섬에 다시 (㉠).

61 빈칸에 알맞은 말 고르기

① 가기 때문입니다
✔② 가기로 했습니다
③ 간 적이 없습니다
④ 가는 게 좋습니다

해설

이 사람은 인주섬에서 즐거운 시간을 보냈고 섬의 경치가 아름다워서 잊을 수 없다고 말했습니다. 마지막 문장의 '친구와', '내년에', '다시'라는 단어로 생각해 보면 두 사람은 인주섬에 다시 갈 것을 약속했다는 말이 와야 합니다. 'V-기로 하다'는 자신의 결심이나 다른 사람과 약속한 것을 말할 때 사용합니다. 따라서 정답은 ② '가기로 했습니다'입니다.

62 일치하는 내용 고르기

① 인주섬은 크고 아름다운 섬입니다.
→ 인주섬은 작은 섬입니다.

② 인주섬은 아이스크림이 유명합니다.
→ 인주섬은 드라마 촬영 장소로 유명합니다.

③ 저는 인주섬에서 영화를 찍었습니다.
→ 인주섬에서 사진을 찍었습니다.

✔④ 저는 인주섬에서 즐거운 시간을 보냈습니다.

[63-64] 글을 읽고 물음에 답하기

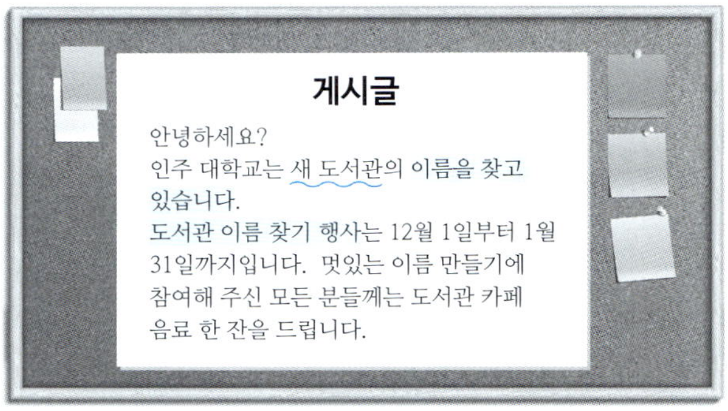

게시글
안녕하세요?
인주 대학교는 새 도서관의 이름을 찾고 있습니다.
도서관 이름 찾기 행사는 12월 1일부터 1월 31일까지입니다. 멋있는 이름 만들기에 참여해 주신 모든 분들께는 도서관 카페 음료 한 잔을 드립니다.

63 글의 목적 고르기

✔① 도서관의 새 이름을 만들려고
② 도서관의 카페 음료를 팔려고
③ 도서관의 사용 기간을 알려 주려고
④ 도서관의 새로운 이름을 확인하려고

해설

"새 도서관의 이름을 찾고 있습니다."라고 했습니다. 그리고 '도서관 이름 찾기 행사'에 대해 알려 주고 있습니다. 이 글을 쓴 목적은 도서관의 새 이름을 만드는 것입니다. 따라서 정답은 ① '도서관의 새 이름을 만들려고'입니다.

64 일치하는 내용 고르기

✔① 새로운 도서관이 문을 엽니다.

② 카페에 어울리는 이름을 찾습니다.
→ 도서관에 어울리는 이름을 찾습니다.

③ 도서관을 이용하면 음료가 무료입니다.
→ 도서관 이름 찾기 행사에 참여하면 음료 한 잔이 무료입니다.

④ 행사는 일월 삼십일일부터 시작합니다.
→ 행사는 십이월 일일부터 시작합니다.

[65-66] 글을 읽고 물음에 답하기

> 몸이 아플 때 약을 먹지 않고 자연의 재료를 사용해 치료할 수 있습니다. 기침이 많이 나면 물에 배를 넣고 끓여서 마시면 좋습니다. 또 배탈이 나서 화장실에 자주 가게 될 때는 당근을 작게 썰어서 설탕과 끓여 마시면 빨리 좋아집니다. 옛날 사람들의 이런 치료 방법은 (㉠) 어린 아이가 먹어도 나쁘지 않습니다.

65 빈칸에 알맞은 말 고르기

① 재료를 끓여 마셔서
② 설탕을 재료를 사용해서
③ 옛날 사람들이 알려 줘서
④ 자연에서 나온 재료를 써서

해설

어린아이가 먹어도 몸에 나쁘지 않은 것은 배나 당근같이 자연에서 나온 재료입니다. 따라서 정답은 ④ '자연에서 나온 재료를 써서'입니다.

66 일치하는 내용 고르기

① 당근을 끓여 마시면 기침에 좋습니다.
→ 당근은 배탈이 날 때 먹으면 좋습니다.
② 배가 아플 때 과일을 먹으면 좋습니다.
→ 배(과일)는 기침이 많이 날 때 좋습니다.
③ 아플 때 채소가 치료에 도움이 됩니다.
④ 옛날 사람들은 아플 때 약을 먹었습니다.
→ 옛날 사람들은 약을 먹지 않고 자연에서 나온 재료를 사용했습니다.

[67-68] 글을 읽고 물음에 답하기

숫자와 소리로 사람과 차가 가야 하는 시간을 미리 알려 주는 신호등이 있습니다. 횡단보도를 건너는 사람에게는 빨간색에서 초록색으로 바뀔 때까지 시간을 보여 줍니다. 그리고 앞을 못 보는 사람들은 신호등 안내 소리를 듣고 안전하게 지나갈 수 있습니다. 운전하는 사람은 숫자로 신호가 바뀌는 것을 미리 알고 운전을 준비할 수 있습니다. 이것은 길을 건너는 사람과 운전하는 사람 모두를 안전하게 해 줍니다. 이 신호등은 (㉠) 여러 사람에게 도움이 돼서 외국에서도 사용하고 있습니다.

67 빈칸에 알맞은 말 고르기

① 횡단보도 앞에 있으니까
② 여러 색깔로 변하니까
③ 외국어로도 설명해 주니까
④ 숫자와 소리로 설명해 주니까

해설

이 글은 숫자와 안내 방송으로 시간을 알려 주는 신호등에 대한 내용입니다. 숫자나 안내 방송은 모두 사람들이 횡단보도를 쉽고 안전하게 건널 수 있도록 도와줍니다. "이 신호등은 (㉠) 여러 사람에게 도움이 돼서"라고 했습니다. (㉠)에는 이 신호등을 이해하기 쉬운 이유가 와야 합니다. 따라서 정답은 ④ '숫자와 소리로 설명해 주니까'입니다.

68 일치하는 내용 고르기

① 이 신호등은 말로 안내를 해 줍니다.
② 이 신호등은 사용하는 방법이 어렵습니다.
→ 이 신호등은 보거나 들을 수 있어서 여러 사람에게 도움이 됩니다.
③ 이 신호등은 한국 사람들만 사용하고 있습니다.
→ 이 신호등은 외국에서도 사용하고 있습니다.
④ 이 신호등은 숫자로 바뀌는 색깔을 말해 줍니다.
→ 이 신호등은 숫자로 바뀌는 시간을 알려 줍니다.

[69-70] 글을 읽고 물음에 답하기

어느 날부터 딸아이가 냉장고에 있는 과일을 가지고 나갑니다. 오늘은 딸아이가 바나나 세 개를 가지고 나가서 저는 조용히 아이를 따라가 봤습니다. 아이는 집 옆에 있는 작은 공원으로 갔습니다. 공원 나무 아래에는 아기 고양이 두 마리가 있었습니다. 아이는 "매일 과일만 줘서 미안해. 내가 돈이 없어서 고기를 사 줄 수 없어."라고 하면서 (㉠). 딸아이의 마음이 너무 예뻐서 눈물이 났습니다. 내일은 고기를 준비해서 냉장고에 넣어야겠습니다.

69 빈칸에 알맞은 말 고르기

① 고기를 사러 갔습니다
② 과일을 맛있게 먹었습니다
③ 냉장고에 고기를 넣었습니다
④ 고양이에게 바나나를 줬습니다

해설

(㉠)의 앞 문장에서 아이는 고양이에게 과일만 줘서 "미안해."라고 하고 "돈이 없어서 고기를 사 줄 수 없어."라고 말했습니다. 그래서 '고기'가 있는 문장은 (㉠)에 들어갈 수 없습니다. (㉠) 앞에 사용된 문법 'V-(으)면서'는 같은 시간에 하는 두 행동을 표현하는 것이기 때문에 딸아이가 한 말과 어울리는 행동이 나와야 합니다. 따라서 정답은 ④ '고양이에게 바나나를 줬습니다.'입니다.

70 일치하는 내용 고르기

① 아이는 과일을 좋아해서 매일 먹습니다.
→ 아이는 과일을 고양이에게 줬습니다.
② 아이는 매일 고양이를 보러 공원에 갔습니다.
③ 아이의 엄마는 내일 과일을 많이 준비할 겁니다.
→ 아이의 엄마는 내일 고기를 준비하려고 합니다.
④ 아이의 집에는 아기 고양이 두 마리가 있습니다.
→ 아기 고양이 두 마리는 공원에 있습니다.

제2회 한국어능력시험

정답 및 해설

Answer Key and Commentary

TOPIK Ⅰ

듣기, 읽기
(Listening, Reading)

English Commentary PDF ➤

듣기 (1번 ~ 30번)

점수: (　　)점/100점

1	2	3	4	5	6	7	8	9	10
④	③	④	④	④	③	②	①	③	①
11	12	13	14	15	16	17	18	19	20
②	①	②	②	②	②	②	③	④	④
21	22	23	24	25	26	27	28	29	30
①	③	①	④	④	②	④	③	④	①

1 맞는 대답 고르기

남자: 의자예요?
여자: ____________

① 네, 의자가 있어요.
② 네, 의자가 비싸요.
③ 아니요, 의자가 좋아요.
④ 아니요, 의자가 아니에요.

해설

"의자예요?"라고 질문을 했습니다. 그러면 '네, 의자예요.' 또는 '아니요, 의자가 아니에요.'라고 대답해야 합니다. 따라서 정답은 ④ '아니요, 의자가 아니에요.'입니다.

TIP

질문 'N이에요/예요?'에는 '네, N이에요/예요.' 또는 '아니요, N이/가 아니에요.'로 대답합니다.

2 맞는 대답 고르기

여자: 날씨가 더워요?
남자: ____________

① 네, 날씨가 추워요.
② 네, 날씨를 몰라요.
③ 아니요, 날씨가 안 더워요.
④ 아니요, 날씨가 안 좋아요.

해설

"날씨가 더워요?"라고 질문을 했습니다. 그러면 '네, 날씨가 더워요.' 또는 '아니요, 날씨가 안 더워요.'로 대답해야 합니다. 따라서 정답은 ③ '아니요, 날씨가 안 더워요.'입니다.

TIP

'N이/가 A-아/어요?' 질문에는 '네, N이/가 A-아/어요.' 또는 '아니요, N이/가 안 A-아/어요.', '아니요, N이/가 A-지 않아요.'로 대답합니다.

3 맞는 대답 고르기

남자: 누구를 만나요?
여자: ____________

① 제가 만나요.
② 내일 만나요.
③ 식당에서 만나요.
④ 선생님을 만나요.

해설

"누구를 만나요?"라고 질문했습니다. 질문에 '누구'가 있으면 사람을 나타내는 단어를 사용하여 대답합니다. 따라서 정답은 ④ '선생님을 만나요.'입니다.

4 맞는 대답 고르기

여자: 어디에서 밥을 먹어요?
남자: ____________

① 매일 먹어요.
② 친구가 먹어요.
③ 아침에 먹어요.
④ 식당에서 먹어요.

해설

"어디에서 밥을 먹어요?"라고 질문했습니다. 질문에 '어디'가 있으면 장소를 나타내는 단어를 사용하여 대답합니다. 따라서 정답은 ④ '식당에서 먹어요.'입니다.

5 이어지는 말 고르기

남자: 여기에 앉으세요.
여자: ____________________

① 반가워요.
② 죄송합니다.
③ 환영합니다.
④ 고맙습니다.

해설

다른 사람이 "여기에 앉으세요."라고 말하면 감사의 뜻으로 '감사합니다.' 또는 '고맙습니다.'라고 대답할 수 있습니다. 따라서 정답은 ④ '고맙습니다.'입니다.

6 이어지는 말 고르기

여자: 잘 먹겠습니다.
남자: ____________________

① 네, 어서 오세요.
② 네, 잘 다녀오세요.
③ 네, 맛있게 드세요.
④ 네, 안녕히 계세요.

해설

"잘 먹겠습니다."는 식사를 시작하기 전에 하는 말입니다. 그러면 '네, 맛있게 드세요.' 또는 '네, 많이 드세요.'라고 대답할 수 있습니다. 따라서 정답은 ③ '네, 맛있게 드세요.'입니다.

7 장소 고르기

남자: 어서 오세요.
여자: 돈을 찾고 싶어요.

① 식당
② 은행
③ 공원
④ 병원

해설

여자가 "돈을 찾고 싶어요."라고 합니다. 돈을 찾을 수 있는 곳은 은행입니다. 따라서 정답은 ② '은행'입니다.

TIP

- 식당: 밥을 사 먹는 곳입니다.
- 공원: 산책을 하는 곳입니다.
- 병원: 아플 때 가는 곳입니다. 이곳에서 의사를 만날 수 있습니다.

8 장소 고르기

여자: 무엇을 도와드릴까요?
남자: 이 편지를 보내고 싶어요.

① 우체국
② 기차역
③ 정류장
④ 여행사

해설

남자는 여자에게 "이 편지를 보내고 싶어요."라고 말합니다. 편지를 보낼 수 있는 곳은 우체국입니다. 따라서 정답은 ① '우체국'입니다.

TIP

- 기차역: 기차를 타는 곳입니다.
- 정류장: 버스나 택시를 타는 곳입니다.
- 여행사: 비행기 표를 살 수 있고, 여행에 대해 알아볼 수 있는 곳입니다.

9 장소 고르기

남자: 김밥하고 떡볶이 주세요.
여자: 모두 구천 원입니다, 손님.

① 빵집
② 카페
③ 식당
④ 약국

해설

남자가 김밥하고 떡볶이를 주문합니다. 여자는 가격을 말하면서 남자를 "손님"이라고 부릅니다. 따라서 정답은 ③ '식당'입니다.

TIP

- 빵집: 빵을 파는 곳입니다.
- 카페: 커피를 마시는 곳입니다.
- 약국: 약을 파는 곳입니다.

10 장소 고르기

여자: 책을 몇 권 빌릴 거예요?
남자: 오늘은 두 권만 빌리려고요.

① 도서관
② 사진관
③ 백화점
④ 미용실

해설

여자가 "책을 몇 권 빌릴 거예요?"라고 물어봅니다. 책을 빌릴 수 있는 곳은 도서관입니다. 따라서 정답은 ① '도서관'입니다.

TIP

- 사진관: 사진을 찍는 곳입니다.
- 백화점: 옷, 가방, 신발을 파는 곳입니다. 극장과 식당도 있습니다.
- 미용실: 머리를 자르거나 파마할 수 있는 곳입니다.

11 화제 고르기

남자: 수미 씨, 동생은 몇 살이에요?
여자: 동생은 열아홉 살이에요.

① 시간 ② 나이 (정답)
③ 생일 ④ 번호

해설
남자는 "동생이 몇 살이에요?"라고 물어보고 여자는 "열아홉 살이에요."라고 대답합니다. '살'은 나이를 말할 때 사용하는 단어입니다. 두 사람은 동생의 나이에 대해 말하고 있습니다. 따라서 정답은 ② '나이'입니다.

12 화제 고르기

여자: 저는 주말에 등산을 해요.
남자: 그래요? 저는 기타를 자주 쳐요.

① 취미 (정답) ② 친구
③ 운동 ④ 계획

해설
여자는 "주말에 등산을 해요."라고 말하고 남자는 "기타를 자주 쳐요."라고 했습니다. '취미'는 시간이 있을 때 자주 하는 것입니다. 두 사람은 모두 취미에 대해 말하고 있습니다. 따라서 정답은 ① '취미'입니다.

13 화제 고르기

남자: 내일 어디에서 만날까요?
여자: 지하철역 앞에서 만나요. 늦지 마세요.

① 날씨 ② 약속 (정답)
③ 요일 ④ 휴일

해설
남자는 "어디에서 만날까요?"라고 만날 장소를 물어봅니다. 여자는 만날 장소를 말하고 '늦지 마세요.'라고 말합니다. 두 사람은 만날 약속을 하고 있습니다. 따라서 정답은 ② '약속'입니다.

14 화제 고르기

여자: 민수 씨, 방학 때 제주도만 갔어요?
남자: 아니요, 제주도에서 배를 타고 부산도 갔어요.

① 휴일 ② 여행 (정답)
③ 음식 ④ 나라

해설
여자는 남자에게 방학 때 "제주도만 갔어요?"라고 물어봅니다. 남자는 "제주도에서 배를 타고 부산도 갔어요."라고 말합니다. 제주도와 부산은 사람들이 자주 여행 가는 곳입니다. 따라서 정답은 ② '여행'입니다.

15 일치하는 내용 고르기

남자: 서점이 몇 층에 있어요?
여자: 2층으로 올라가면 있어요.

①

② (정답)

③

④

해설
남자는 서점의 위치를 물어봅니다. 여자는 "2층으로 올라가면 있어요."라고 말합니다. 여자가 2층을 가리키는 그림을 찾아야 합니다. 따라서 정답은 ②입니다.

16 일치하는 내용 고르기

여자: 이 가방을 포장하실 거예요?
남자: 네, 선물할 거예요. 예쁘게 해 주세요.

①

② (정답)

③

④

해설
여자는 "이 가방을 포장하실 거예요?"라고 묻습니다. 남자는 "네, 선물할 거예요."라고 말했습니다. 여자가 가방을 포장하려고 하는 그림을 찾아야 합니다. 따라서 정답은 ②입니다.

17 일치하는 내용 고르기

여자: 민수 씨, 게임 정말 재미있었어요. 주말에 또 같이 해요.
남자: 좋아요. 주말에는 수미 씨도 같이 할까요? 세 사람이 하면 더 재미있을 것 같아요.
여자: 네, 제가 수미 씨한테 물어볼게요.

① 여자는 게임이 재미없었습니다.
→ 여자는 게임이 재미있었습니다.
② 남자는 여자와 게임을 했습니다.
③ 여자는 주말에 게임을 안 할 겁니다.
→ 여자는 남자에게 주말에 게임을 같이 하자고 했습니다.
④ 남자는 다른 친구에게 연락할 겁니다.
→ 여자는 수미 씨에게 연락할 겁니다.

18 일치하는 내용 고르기

남자: 수미 씨 축하해요. 정말 멋있었어요.
여자: 고맙습니다. 항상 도와주셔서 일등을 할 수 있었어요.
남자: 수영은 언제부터 배웠어요?
여자: 아주 어릴 때부터요. 그때부터 수영을 좋아했어요.

① 남자는 어릴 때 수영을 시작했습니다.
→ 여자는 어릴 때 수영을 시작했습니다.
② 여자는 남자에게 축하 인사를 했습니다.
→ 남자는 여자에게 축하 인사를 했습니다.
③ 여자는 수영 대회에서 일등을 했습니다.
④ 남자는 오늘 대회에서 수영을 했습니다.
→ 여자는 오늘 대회에서 수영을 했습니다.

19 일치하는 내용 고르기

남자: 아버지 선물로 무엇이 좋을까요?
여자: 이 스웨터 어떠세요? 요즘에 손님들이 많이 사요.
남자: 예쁘네요. 그런데 다른 디자인도 있어요?
여자: 네, 이 옷도 한번 보세요.

① 남자는 스웨터를 입어 봤습니다.
→ 남자는 스웨터를 팔고 있습니다.
② 남자는 스웨터를 많이 샀습니다.
→ 손님들이 스웨터를 많이 삽니다.
③ 여자는 남자에게 선물을 줬습니다.
→ 여자는 아버지에게 선물을 드리려고 합니다.
④ 여자는 다른 옷도 보고 싶어 합니다.

20 일치하는 내용 고르기

여자: 와, 강아지 미용실에 손님이 많네요.
남자: 네, 주말에는 이것보다 더 많습니다.
여자: 강아지를 가족처럼 생각하는 사람들이 정말 많은 것 같아요.
남자: 네, 저도 강아지를 좋아해서 이 일을 시작했어요.

① 여자는 집에 강아지가 많습니다.
→ 강아지 미용실에 손님이 많습니다.
② 남자는 강아지를 좋아하지 않습니다.
→ 남자는 강아지를 좋아합니다.
③ 여자는 주말에 강아지 미용실에 왔습니다.
→ 주말에는 이것보다 손님이 더 많습니다.
④ 남자는 강아지 미용실에서 일하고 있습니다.

21 일치하는 내용 고르기

여자: 저는 외국인인데 태권도를 배울 수 있어요?
남자: 네, 외국인 반 수업이 있고 한국 사람과 같이 배우는 반도 있습니다.
여자: 처음 배우는데 일주일에 몇 번 와야 돼요?
남자: 월요일과 수요일에 오세요.

① 여자는 태권도를 배운 적이 없습니다.
② 여자는 매일 태권도를 배우러 와야 합니다.
→ 월요일과 수요일에 와야 합니다.
③ 여자는 한국인에게 태권도를 가르칠 겁니다.
→ 여자는 태권도를 배우려고 합니다.
④ 여자는 외국인 반에서 수업을 듣기로 했습니다.
→ 대화에서 말하지 않아서 알 수 없습니다.

22 중심 생각 고르기

남자: 얼굴이 안 좋아 보여요. 무슨 일이 있어요?
여자: 시험 기간이라서 좀 피곤해서 그래요.
남자: 시험보다는 건강이 먼저예요. 좀 쉬면서 하세요.
여자: 중요한 시험이어서 그래요. 정말 잘 봐야 해요.

① 시험보다 건강이 중요합니다.
② 피곤하면 쉬는 것이 좋습니다.
③ 이번 시험을 잘 보고 싶습니다.
④ 시험이 빨리 끝나면 좋겠습니다.

해설

여자는 중요한 시험을 준비하고 있습니다. 잘 봐야 하는 시험이라서 피곤하지만 열심히 하고 있습니다. 중심 생각을 표현하는 문장에는 문법 'V-아/어야 하다'를 자주 사용하는데, 여자는 마지막에 "정말 잘 봐야 해요."라고 말했습니다. 따라서 정답은 ③ '이번 시험을 잘 보고 싶습니다.'입니다.

23 중심 생각 고르기

여자: 옷을 사러 백화점에 가야 하는데 시간이 없네요.
남자: 인터넷으로 주문하면 편한데 왜 백화점으로 가려고 해요?
여자: 인터넷으로 사면 옷을 입어 볼 수 없어서요. 그래서 직접 가서 사는 게 좋아요.
남자: 그래요? 입어 보고 사면 몸에 맞는 옷을 고를 수 있겠어요.

① 옷은 직접 입어 보고 사야 합니다. ✔
② 인터넷으로 옷을 사는 것이 편합니다.
③ 옷을 살 때 백화점에 가는 게 좋습니다.
④ 시간이 없을 때는 인터넷 쇼핑이 좋습니다.

해설
여자는 인터넷에서 옷을 사면 입어 볼 수 없기 때문에 백화점에 가려고 합니다. "직접 가서 사는 게 좋아요." 라고 했습니다. 중심 생각을 표현하는 문장에는 문법 'V-는 것이 좋다/낫다/중요하다'를 자주 사용합니다. 따라서 정답은 ① '옷은 직접 입어 보고 사야 합니다.'입니다.

24 중심 생각 고르기

남자: 극장에서 영화 볼 때 먹을 것 좀 살까요?
여자: 뭐 먹고 싶은데요? 저는 커피만 있어도 돼요.
남자: 저는 햄버거를 사려고 해요. 배가 좀 고파서요.
여자: 음, 햄버거는 냄새가 나니까 그냥 빵이나 팝콘 같은 건 어때요?

① 영화를 볼 때 커피가 필요합니다.
② 배가 고프면 음식을 잘 먹어야 합니다.
③ 영화를 볼 때 음식을 먹는 것이 좋습니다.
④ 극장에서 냄새가 나는 음식을 먹는 것은 좋지 않습니다. ✔

해설
남자와 여자는 영화를 보려고 극장에 왔습니다. 남자는 "햄버거를 사려고 해요."라고 했습니다. 여자는 "햄버거는 냄새가 나니까 그냥 빵이나 팝콘 같은 건 어때요?"라고 물어봅니다. 따라서 정답은 ④ '극장에서 냄새가 나는 음식은 좋지 않습니다.'입니다.

[25-26] 대화 듣고 물음에 답하기

여자: 아파트 사무실에서 말씀드립니다. 이번 주 수요일에 아파트 사무실 앞 주차장에서 '작은 시장'이 문을 엽니다. 채소와 과일, 생선과 고기를 싼 가격에 팝니다. 오전 일곱 시부터 저녁 아홉 시까지 주차장에 있는 차들은 다른 곳으로 주차해 주십시오. '작은 시장'은 아침 아홉 시에 시작해서 저녁 여덟 시에 문을 닫습니다. 많은 이용 부탁드리겠습니다. 감사합니다.

25 화자의 의도/목적 고르기

① '작은 시장'의 물건을 소개하려고
② '작은 시장'의 이용 시간을 안내하려고
③ '작은 시장'의 주차 시간을 가르쳐 주려고
④ '작은 시장'이 문을 여는 것을 알려 주려고 ✔

해설
여자가 아파트 주민에게 안내 방송을 합니다. 이 여자가 무엇을 위해서 방송하는지 찾으면 됩니다. 여자는 '작은 시장'이 무엇인지, 언제 여는지 알려 주면서 "많은 이용 부탁드리겠습니다."라고 말했습니다. 따라서 정답은 ④ '작은 시장이 문을 여는 것을 알려 주려고'입니다.

26 일치하는 내용 고르기

① '작은 시장'은 매주 주말에 문을 엽니다.
→ '작은 시장'은 이번 주 수요일에 문을 엽니다.
② '작은 시장'은 저녁 여덟 시에 끝납니다. ✔
③ '작은 시장'은 아파트 사무실에서 문을 엽니다.
→ '작은 시장'은 아파트 사무실 앞 주차장에서 문을 엽니다.
④ '작은 시장'에서 차는 사무실 앞에 주차해야 합니다.
→ '작은 시장'은 아파트 사무실 앞 주차장에서 문을 열기 때문에 이곳에 주차할 수 없습니다.

[27-28] 대화 듣고 물음에 답하기

남자: 수미 씨, 어제 떡 박물관에 갔지요? 어땠어요?
여자: 생각보다 더 재미있었어요. 다양한 떡을 맛볼 수 있었고 직접 만들 수도 있었어요.
남자: 와, 재미있었겠네요. 떡도 만들어 봤어요?
여자: 네, 재료 준비부터 떡 만드는 것까지 다 직접 해 볼 수 있었어요.
남자: 아, 이 떡이 수미 씨가 만든 거예요? 맛있을 것 같아요.
여자: 모양이 조금 안 예쁘지만 맛은 괜찮을 거예요. 한번 먹어 보세요.

27 화제 고르기

① 박물관에 가는 방법
② 박물관에서 만난 사람
③ 박물관이 문을 여는 날
④ 박물관에서 할 수 있는 일

해설

두 사람이 무엇에 대해서 대화하는지 찾아야 합니다. 어떤 단어가 많이 나오는지 알면 정답을 찾기 쉽습니다. 여자가 '떡 박물관'에서 한 일을 말했습니다. "재료 준비부터 떡 만드는 것까지 다 직접 해 볼 수 있었어요."라고 했습니다. 따라서 정답은 ④ '박물관에서 할 수 있는 일'입니다.

28 일치하는 내용 고르기

① 남자는 떡이 맛없을 것 같았습니다.
→ 남자는 떡이 맛있을 것 같았습니다.
② 남자는 떡 박물관에 간 적이 있습니다.
→ 여자는 떡 박물관에 갔습니다.
③ 여자는 박물관에서 떡을 만들었습니다.
④ 여자는 남자에게 박물관에서 산 떡을 줬습니다.
→ 여자는 남자에게 박물관에서 만든 떡을 줬습니다.

[29-30] 대화 듣고 물음에 답하기

> 남자: 한국어 말하기 대회가 잘 끝났습니다. 이번 대회를 어떻게 보셨습니까?
> 여자: 외국인 학생들의 한국어 능력이 작년보다 더 좋아져서 일등을 결정할 때 아주 힘들었어요.
> 남자: 올해 대회에서 일등 한 학생의 발표는 어땠습니까?
> 여자: 그 학생은 한국 사람처럼 발음이 좋았고 특히 발표 내용이 아주 좋았습니다. 돌아가신 어머니를 추억하는 아름다운 이야기였습니다.
> 남자: 한국어 말하기 대회는 해외에서도 인기가 많습니다. 다음에는 해외에서도 대회가 열립니까?
> 여자: 보통 일 년에 두 번 대회가 있는데 다음 대회는 시월쯤 제주도에서 열릴 겁니다.

29 의도/목적/이유 고르기

① 학생들이 너무 많아서
② 학생들이 한국어를 못해서
③ 학생들의 발음이 안 좋아서
④ 일등을 결정하는 것이 어려워서

해설

여자가 말하기 대회에서 힘들어한 이유를 찾아야 합니다. '힘들다' 앞이나 뒤에 이유를 나타내는 문장을 찾으면 됩니다. 따라서 정답은 ④ '일등을 결정하는 것이 어려워서'입니다.

30 일치하는 내용 고르기

① 다음 대회는 국내에서 열립니다.
② 내년에는 해외에서 대회를 합니다.
→ 대화에서 말하지 않아서 알 수 없습니다.
③ 말하기 대회는 일 년에 한 번 있습니다.
→ 말하기 대회는 보통 일 년에 두 번 있습니다.
④ 말하기 대회는 국내에서만 인기가 많습니다.
→ 한국어 말하기 대회는 해외에서도 인기가 많습니다.

읽기 (31번 ~ 70번)

점수: (　　)점/100점

31	32	33	34	35	36	37	38	39	40
②	①	①	②	①	④	①	③	③	②
41	**42**	**43**	**44**	**45**	**46**	**47**	**48**	**49**	**50**
②	④	④	①	③	④	④	③	①	②
51	**52**	**53**	**54**	**55**	**56**	**57**	**58**	**59**	**60**
④	③	③	②	④	④	④	②	④	③
61	**62**	**63**	**64**	**65**	**66**	**67**	**68**	**69**	**70**
④	③	②	③	③	①	③	④	④	①

31 화제 고르기

불고기가 맛있습니다. 비빔밥도 맛있습니다.

① 가게　② 음식
③ 취미　④ 직업

해설

불고기와 비빔밥은 한국 음식의 이름입니다. 음식에 대해 이야기하고 있습니다. 따라서 정답은 ② '음식'입니다.

32 화제 고르기

우리 나라는 지금 9시입니다. 한국은 8시입니다.

① 시간　② 날짜
③ 여행　④ 장소

해설

'9시'와 '8시'는 모두 시간을 나타내는 말입니다. 따라서 정답은 ① '시간'입니다.

33 화제 고르기

민수 씨는 매일 자전거를 탑니다. 축구도 합니다.

① 운동　② 위치
③ 날씨　④ 약속

해설

자전거를 타는 것과 축구를 하는 것은 운동입니다. 따라서 정답은 ① '운동'입니다.

34 빈칸에 알맞은 말 고르기

친구와 책을 삽니다. (　　　)에서 친구를 기다립니다.

① 시장　② 서점
③ 공원　④ 공항

해설

'(　)에서 기다리다'는 'N에서 기다리다'입니다. 여기에서 N은 '장소'입니다. 책을 살 수 있는 곳은 서점입니다. 따라서 정답은 ② '서점'입니다.

TIP

- 시장: 여러 가지 물건을 사고파는 곳입니다.
- 공원: 산책을 할 수 있는 곳입니다.
- 공항: 비행기를 타는 곳입니다.

35 빈칸에 알맞은 말 고르기

수미 씨가 교실에 없습니다. 수미 씨(　　　) 전화합니다.

① 에게　② 에서
③ 하고　④ 까지

해설

알맞은 '조사'를 고르는 문제입니다. 수미 씨가 교실에 없어서 전화하는 내용입니다. 이때 전화를 받는 사람 뒤에 '에게'나 '한테'를 써야 합니다. 따라서 정답은 ① '에게'입니다.

36 빈칸에 알맞은 말 고르기

방 청소를 했습니다. 그래서 방이 (　　　).

① 작습니다　　② 예쁩니다
③ 가깝습니다　　✓④ 깨끗합니다

해설
알맞은 '형용사'를 고르는 문제입니다. '방 청소'와 어울리는 형용사를 찾으면 됩니다. 따라서 정답은 ④ '깨끗합니다'입니다.

37 빈칸에 알맞은 말 고르기

저는 산책을 좋아합니다. 그래서 (　　　) 공원에 갑니다.

✓① 자주　　② 일찍
③ 같이　　④ 제일

해설
알맞은 '부사'를 고르는 문제입니다. 산책을 좋아하는 사람은 시간이 있을 때마다, 많이, 여러 번 산책을 하러 갈 겁니다. 많이, 여러 번 가는 것은 '자주' 가는 것입니다. 따라서 정답은 ① '자주'입니다.

더
- 같이: 둘 이상이 함께하는 것입니다.
- 일찍: 정해진 시간보다 '빠르게'를 말합니다.
- 제일: 여러 가지 중에서 첫 번째입니다.

38 빈칸에 알맞은 말 고르기

수영장에 갑니다. 수영복을 (　　　).

① 듭니다　　② 합니다
✓③ 입습니다　　④ 신습니다

해설
알맞은 '동사'를 고르는 문제입니다. '수영복'과 같은 옷 종류는 '입다'라고 합니다. 따라서 정답은 ③ '입습니다'입니다.

더
착용 동사
옷이나 신발 등과 어울리는 몇 가지 동사가 있습니다. '옷-입다', '신발, 양말-신다', '모자, 안경-쓰다', '귀걸이, 목걸이, 스카프, 목도리-하다' 등이 있습니다.

39 빈칸에 알맞은 말 고르기

버스를 타야 합니다. 그래서 버스를 (　　　).

① 받습니다　　② 찾습니다
✓③ 기다립니다　　④ 준비합니다

해설
알맞은 '동사'를 고르는 문제입니다. 네 개의 동사 중에서 '버스'와 어울리는 동사는 '찾다'와 '기다리다'입니다. 그런데 버스를 타려면 우선 버스를 기다려야 합니다. 따라서 정답은 ③ '기다립니다'입니다.

40 일치하지 않는 내용 고르기

① 전화가 있습니다.
✓② 월요일에 쉽니다.
→ 월요일부터 토요일까지 일합니다.
③ 오전 열 시에 문을 엽니다.
④ 미용실 이름은 행복입니다.

41 일치하지 않는 내용 고르기

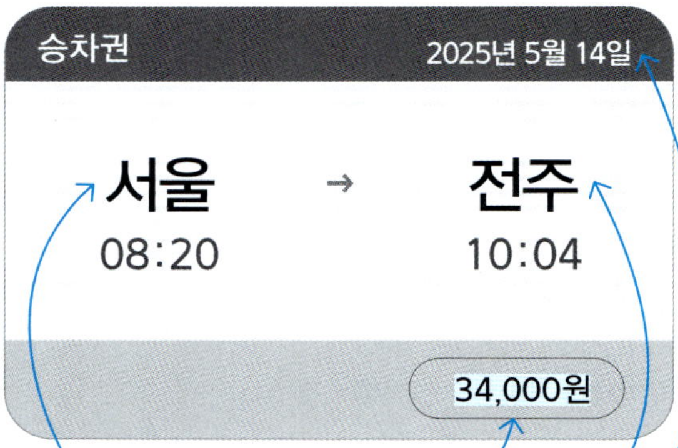

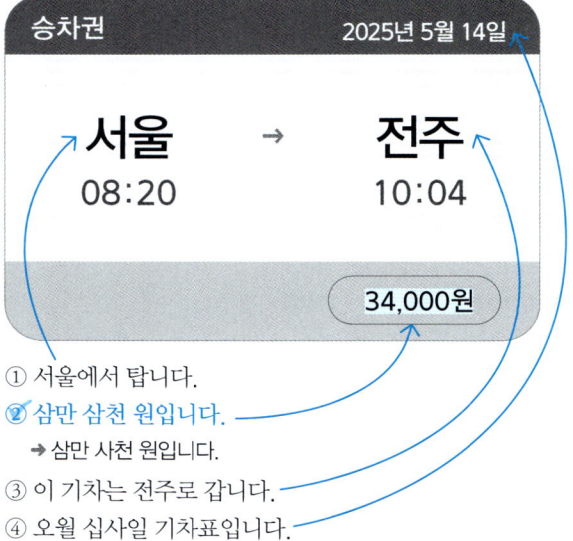

① 서울에서 탑니다.
✓② 삼만 삼천 원입니다.
→ 삼만 사천 원입니다.
③ 이 기차는 전주로 갑니다.
④ 오월 십사일 기차표입니다.

42 일치하지 않는 내용 고르기

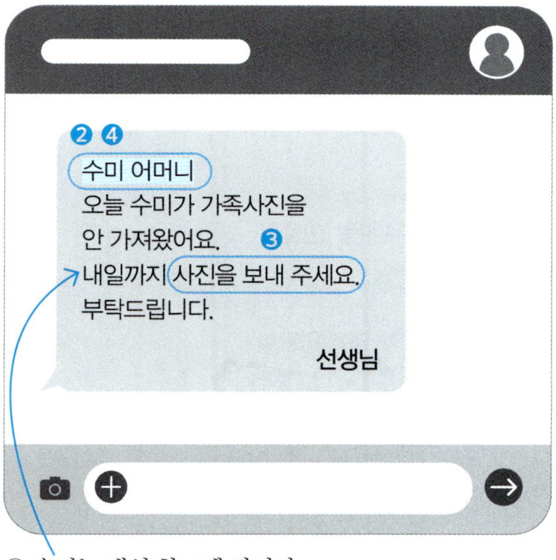
❷ ❹
수미 어머니
오늘 수미가 가족사진을
안 가져왔어요. ❸
내일까지 사진을 보내 주세요.
부탁드립니다.
선생님

① 수미는 내일 학교에 갑니다.
② 엄마가 메시지를 받았습니다.
③ 수미는 사진을 가져가야 합니다.
④ 선생님이 수미에게 사진을 부탁했습니다.
→ 선생님이 수미 어머니에게 사진을 부탁했습니다.

43 일치하는 내용 고르기

진미 식당은 음식도 맛있고 사장님도 친절합니다. 그래서 항상 사람이 많습니다. 제 친구도 이 식당을 좋아해서 우리는 매일 같이 갑니다.

① 진미 식당은 보통 사람이 적습니다.
→ 진미 식당은 항상 사람이 많습니다.
② 저는 주말에만 진미 식당에 갑니다.
→ 저는 친구와 같이 매일 진미 식당에 갑니다.
③ 제 친구는 진미 식당에 가지 않습니다.
→ 친구는 저와 같이 진미 식당에 매일 갑니다.
④ 진미 식당의 사장님은 친절한 사람입니다.

44 일치하는 내용 고르기

저는 조용하고 말이 적습니다. 민수 씨는 말을 재미있게 잘하고 친절해서 인기가 많습니다. 그래서 민수 씨를 만나면 즐겁습니다.

① 사람들이 민수 씨를 좋아합니다.
② 저는 아주 재미있는 사람입니다.
→ 민수 씨는 재미있는 사람입니다.
③ 민수 씨는 조용하고 친절합니다.
→ 저는 조용합니다.
④ 민수 씨는 말을 잘 하지 않습니다.
→ 민수 씨는 말을 재미있게 잘합니다. 말이 없지 않습니다.

45 일치하는 내용 고르기

내일 대학교 입학시험을 봅니다. 그래서 오늘은 일찍 자려고 커피를 안 마시고 따뜻한 우유를 마셨습니다. 내일 저와 친구들 모두 시험을 잘 보면 좋겠습니다.

① 저는 커피를 마시면 잘 잡니다.
→ 오늘 일찍 자려고 커피를 안 마십니다. 커피를 마시면 일찍 잘 수 없습니다.
② 친구와 저는 대학교에 입학했습니다.
→ 내일 대학교 입학시험을 봅니다.
③ 저는 오늘 밤에 빨리 잠을 자려고 합니다.
④ 친구는 시험에서 좋은 점수를 받았습니다.
→ 내일 시험을 보기 때문에 점수를 아직 받지 않았습니다.

46 중심 내용 고르기

저는 여행을 가면 시장에 꼭 갑니다. 시장에 가서 그곳의 사람들과 이야기하는 것이 재미있습니다. 그들의 생활도 더 잘 알 수 있습니다.

① 저의 취미는 여행하는 것입니다.
② 저는 사람들과 이야기하고 싶습니다.
③ 저는 시장에서 쇼핑을 많이 하려고 합니다.
④ 저는 여행할 때 시장에 가는 것을 좋아합니다.

해설

이 사람은 "여행을 가면 시장에 꼭 갑니다."라고 했습니다. 시장에서 그곳의 사람들을 만나서 이야기하는 것을 좋아합니다. 그 사람들의 생활을 더 쉽게 이해할 수 있기 때문입니다. 따라서 정답은 ④ '저는 여행할 때 시장에 가는 것을 좋아합니다.'입니다.

47 중심 내용 고르기

큰길 앞에 초등학교가 있습니다. 그런데 차들이 너무 빠르게 달립니다. 위험하니까 학교 앞을 지날 때는 천천히 운전해야 합니다.

① 저는 운전하는 것을 좋아합니다.
② 저는 위험한 곳에 가지 않습니다.
③ 저는 학교 앞에서 운전하지 않을 겁니다.
④ 저는 사람들이 천천히 운전하면 좋겠습니다.

해설

초등학교 근처 큰길에 차들이 너무 빨리 달려서 위험합니다. 글의 마지막에 이 사람은 "학교 앞을 지날 때는 천천히 운전해야 합니다."라고 했습니다. 중심 생각을 표현하는 문장에는 문법 'V-아/어야 하다'를 자주 사용합니다. 따라서 정답은 ④ '저는 사람들이 천천히 운전하면 좋겠습니다.'입니다.

48 중심 내용 고르기

저는 지금 기숙사에 삽니다. 기숙사 방이 너무 좁고 요리도 할 수 없습니다. 큰 집으로 이사하고 싶습니다.

① 저는 기숙사에 살 겁니다.
② 저는 기숙사를 좋아합니다.
③ 저는 기숙사에 사는 것이 불편합니다.
④ 저는 기숙사에서 요리를 하면 좋겠습니다.

해설

여름은 지금 기숙사에 살고 있습니다. "기숙사 방이 너무 좁고 요리도 할 수 없습니다."라고 말했습니다. 이 문장을 보면 기숙사 생활이 불편한 것을 알 수 있습니다. 따라서 정답은 ③ '저는 기숙사에 사는 것이 불편합니다.'입니다.

[49-50] 글을 읽고 물음에 답하기

회사 앞에 한 식당이 문을 열었습니다. 점심시간에 저는 직원들과 함께 식사하러 갔습니다. 식당에 처음 갔으니까 여러 가지 음식을 주문해서 같이 먹어 보고 싶었습니다. 그런데 식당에 (㉠) 우리는 모두 놀랐습니다. 음식 메뉴가 하나만 있었기 때문입니다.

49 빈칸에 알맞은 말 고르기

① 들어가서
② 들어가면
③ 들어가지만
④ 들어가니까

해설

(㉠)의 앞과 뒤의 문장을 잘 봐야 합니다. '식당에 들어가다'와 '우리는 모두 놀라다'는 서로 연결됩니다. 식당에 들어간 후, 그곳에서 놀라는 행동이 바로 이어집니다. 그럴 때는 '순서/순차'를 나타내는 문법 'V-아/어서'를 사용하면 좋습니다. 따라서 정답은 ① '들어가서'입니다.

50 일치하는 내용 고르기

① 회사에서 식당을 시작했습니다.
→ 회사 앞에 식당이 문을 열었습니다. 회사에서 시작한 것이 아닙니다.
② 이 식당은 한 가지 음식만 팝니다.
③ 저는 이 식당에 간 적이 있습니다.
→ 저는 이 식당에 처음 갔습니다.
④ 저는 직원들과 처음 밥을 같이 먹었습니다.
→ 저는 이 식당에 처음 갔습니다.

[51-52] 글을 읽고 물음에 답하기

한국 박물관에서는 5월 1일부터 7월 31일까지 행사를 합니다. 유명한 한국 화가의 그림과 옛날 사람들이 사용한 물건을 구경할 수 있습니다. 한복을 입은 한국인과 외국인은 50%의 가격 할인을 받을 수 있습니다. 박물관의 작은 공원에서는 옛날 음식을 먹고 게임도 할 수 있습니다. (㉠) 비가 올 때는 공원 행사를 하지 않습니다.

51 빈칸에 알맞은 말 고르기

① 그러면　② 그래서
③ 그리고　④ 그렇지만

해설

(㉠) 앞에서는 박물관 안에 있는 공원에서 할 수 있는 것에 대해 말했습니다. (㉠) 뒤에는 "비가 올 때는 공원 행사를 하지 않습니다."라고 했습니다. 이때 (㉠)에는 '반대'를 나타내는 '그러나', '그렇지만', '하지만', '그런데' 등을 사용할 수 있습니다. 따라서 정답은 ④ '그렇지만'입니다.

52 화제 고르기

① 박물관을 이용하는 시간
② 박물관에서 할인하는 이유
③ 박물관에서 하는 행사 안내
④ 박물관 행사를 경험하는 방법

해설

무엇에 대한 글인지 찾아야 합니다. 가장 많이 나오는 단어가 무엇인지 알면 정답을 찾기 쉽습니다. '그림', '물건', '구경하다', '옛날 음식', '게임' 등은 모두 행사에서 할 수 있는 것입니다. 따라서 정답은 ③ '박물관에서 하는 행사 안내'입니다.

[53-54] 글을 읽고 물음에 답하기

저는 주말에 등산 모임 사람들과 산에 갔습니다. 아침 7시에 버스 정류장에서 만나서 산으로 출발했는데 너무 (㉠) 다시 돌아가고 싶었습니다. 그러나 "조금만 더 가면 돼요."라고 말하면서 손을 잡아 주는 사람들이 있어서 끝까지 올라갈 수 있었습니다. 산에서 내려와서 근처 식당에서 삼계탕을 먹고 집으로 왔습니다. 피곤했지만 즐거운 하루였습니다.

53 빈칸에 알맞은 말 고르기

① 힘든데　② 힘들면
③ 힘들어서　④ 힘들거나

해설

(㉠) 앞에는 "산으로 출발했는데"라고 했습니다. (㉠) 뒤에는 "다시 돌아가고 싶었습니다."라고 했습니다. 따라서 (㉠)에는 산으로 출발했는데 다시 돌아가고 싶은 '이유'가 있어야 합니다. '이유'를

나타내는 문법 'A/V-아/어서', 'A/V-(으)니까' 등을 사용할 수 있습니다. 따라서 정답은 ③ '힘들어서'입니다.

54 일치하는 내용 고르기

① 저는 주말에 산에 혼자 갔습니다.
→ 저는 등산 모임 사람들과 같이 산에 갔습니다.
② 등산할 때 도와주는 사람들이 있었습니다.
③ 등산을 한 후 집에 와서 삼계탕을 먹었습니다.
→ 등산을 한 후에 근처 식당에서 삼계탕을 먹었습니다.
④ 저는 일곱 시에 산 앞에서 사람들을 만났습니다.
→ 저는 일곱 시에 버스 정류장에서 사람들을 만났습니다.

[55-56] 글을 읽고 물음에 답하기

과일은 건강에 좋습니다. 그러나 너무 많이 먹지 말아야 하고 먹을 때는 과일만 먹는 것보다는 우유나 빵과 함께 먹으면 좋습니다. 바나나, 토마토, 망고는 냉장고에 넣지 않는 것이 좋습니다. 하지만 사과, 포도, 딸기는 (㉠) 더 시원하고 맛있게 먹을 수 있습니다. 또한 과일이 달기 때문에 설탕을 넣지 않고 먹으면 더 좋습니다.

55 빈칸에 알맞은 말 고르기

① 많이 먹으면
② 주스를 만들면
③ 설탕을 넣으면
④ 냉장고에 넣으면

해설

(㉠) 앞에 "바나나, 토마토, 망고는 냉장고에 넣지 않는 것이 좋습니다."라고 했습니다. 그 뒤에 '하지만'이 있으니까 뒤에는 '냉장고에 넣는 것이 좋다.'는 내용이 와야 합니다. 따라서 정답은 ④ '냉장고에 넣으면'입니다.

56 일치하는 내용 고르기

① 과일은 모두 냉장고에 넣어야 합니다.
→ 바나나, 토마토, 망고는 냉장고에 넣지 않는 것이 좋습니다.
② 과일은 다른 음식과 따로 먹으면 좋습니다.
→ 과일만 먹는 것보다 우유나 빵과 함께 먹으면 좋습니다.
③ 과일은 건강에 좋아서 많이 먹어야 합니다.
→ 과일을 너무 많이 먹지 말아야 합니다.
④ 과일은 달아서 설탕을 안 넣는 것이 좋습니다.

57 알맞은 순서로 배열한 것 고르기

(가) 그때 지하철 직원이 와서 도와줬습니다.
(나) 교통 카드가 없어서 지하철을 탈 수 없었습니다.
(다) 그런데 지하철역에서 지갑을 안 가져온 것을 알았습니다.
(라) 아침에 늦게 일어나서 빨리 준비하고 지하철역으로 갔습니다.

① (나) - (가) - (라) - (다)
② (나) - (라) - (가) - (다)
③ (라) - (나) - (다) - (가)
④ (라) - (다) - (나) - (가)

해설

'지하철역에서 생긴 일'에 대한 글입니다. 각 문장의 중심 단어를 찾아 연결하면 순서를 찾을 수 있습니다. (가) 문장은 '그때'로 시작하고 (다) 문장은 '그런데'로 시작하기 때문에 제일 앞에 올 수 없습니다. 다음 문장은 중심 단어와 이야기의 순서에 따라 찾으면 됩니다. (라) "지하철역으로 갔습니다." → (다) "지갑을 안 가져온 것을 알았습니다." → (나) "교통 카드가 없어서" → (가) "지하철 직원이 와서 도와줬습니다." 따라서 정답은 ④ '(라) - (다) - (나) - (가)'입니다.

58 알맞은 순서로 배열한 것 고르기

(가) 어느 날 저에게 동생이 생겼습니다.
(나) 뚱이와 계속 이렇게 행복하게 살고 싶습니다.
(다) 저는 매일 뚱이에게 밥도 주고 함께 운동도 합니다.
(라) 이름은 '뚱이'이고 까만색 눈과 하얀색 털이 예쁜 강아지입니다.

① (가) - (다) - (나) - (라)
② (가) - (라) - (다) - (나)
③ (라) - (가) - (다) - (나)
④ (라) - (다) - (나) - (가)

해설

'뚱이'라는 강아지에 대한 글입니다. (가)의 '어느 날'은 이야기가 시작하는 것을 알려 줍니다. 그리고 (가)에서 "동생이 생겼습니다."라고 했습니다. 그다음 문장은 동생에 대한 설명입니다. (라)에서 동생의 이름이 '뚱이'이고 "예쁜 강아지 입니다."라고 말했습니다. (나)의 '계속 이렇게'는 (다)에서 뚱이에게 밥도 주고 운동도 하며 함께 시간을 보낸 것을 말합니다. 그래서 (다)는 (나)의 앞에 와야 합니다. 따라서 정답은 ② '(가) - (라) - (다) - (나)'입니다.

[59-60] 글을 읽고 물음에 답하기

> 저는 여름 방학에 처음으로 혼자 여행을 갔습니다. (㉠) 공항에서 비행기를 기다릴 때 걱정이 되었습니다. (㉡) 그런데 여행을 하면서 혼자 여행하는 사람들을 많이 만났습니다. (㉢) 그들과 이야기하면서 사람마다 생각이 다른 것을 알게 되었습니다. (㉣) 그래서 혼자 여행하면 많은 것을 배울 수 있습니다.

59 문장이 들어갈 위치 고르기

> 그리고 다른 생각을 이해하는 방법도 배웠습니다.

① ㉠ ② ㉡
③ ㉢ ④ ㉣

해설

주어진 문장은 '그리고'로 시작하기 때문에 앞 문장에 "다른 생각을 이해하는 방법을 배웠습니다."와 관계있는 내용이 와야 합니다. (㉣)의 앞에 "사람마다 생각이 다른 것을 알게 되었습니다."라고 했습니다. 그리고 (㉣)의 뒤에는 "혼자 여행하면 많은 것을 배울 수 있습니다."가 나옵니다. 사람마다 생각이 다른 것을 알게 된 것과 다른 생각을 이해하는 방법을 배운 것은 모두 혼자 여행을 하면서 배울 수 있는 것입니다. 따라서 정답은 ④ '㉣'입니다.

60 일치하는 내용 고르기

① 사람들의 생각은 서로 비슷합니다.
→ 사람들의 생각은 서로 다릅니다.
② 저는 겨울에 혼자 여행을 했습니다.
→ 여름 방학에 혼자 여행을 했습니다.
③ 저는 혼자 여행을 한 것이 좋았습니다.
④ 사람들은 혼자 여행하는 나를 걱정했습니다.
→ 나는 처음으로 혼자 여행을 해서 걱정했습니다.

[61-62] 글을 읽고 물음에 답하기

> 저는 외국어를 잘합니다. 그런데 처음부터 외국어를 잘한 것은 아닙니다. 외국어를 배울 때 발음을 따라하고 단어를 외우는 것이 정말 어려웠습니다. 하지만 한 가지 외국어를 잘 (㉠) 외국어 학습 방법을 알게 됐습니다. 그 뒤로 다른 외국어를 배우는 것도 쉬워졌습니다.

61 빈칸에 알맞은 말 고르기

① 배웠으면
② 배웠지만
③ 배우기 전에
④ 배운 후에는

해설

(㉠)의 앞과 뒤의 문장을 잘 봐야 합니다. "한 가지 외국어를 잘 (배우다)"와 "외국어 학습 방법을 알게 됐습니다."는 시간 순서로 연결됩니다. 외국어를 잘 배운 후에 외국어 학습법을 잘 알게 됩니다. 이것은 '순서'를 나타냅니다. 따라서 정답은 ④ '배운 후에는'입니다.

62 일치하는 내용 고르기

① 저는 단어를 잘 외웁니다.
→ 단어를 외우는 것이 어려웠습니다.
② 저는 발음 연습이 어렵지 않았습니다.
→ 발음을 따라하고 단어를 외우는 것이 어려웠습니다.
③ 저는 할 수 있는 외국어가 몇 개 있습니다.
④ 저는 처음부터 외국어 공부하는 방법을 알았습니다.
→ 한 가지 외국어를 잘 배운 후에 공부 방법을 알게 되었습니다.

[63-64] 글을 읽고 물음에 답하기

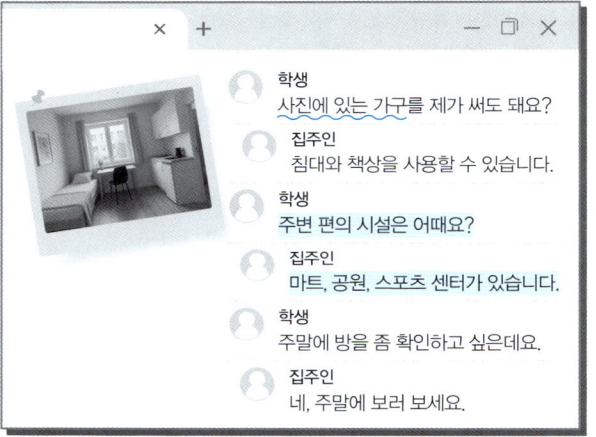

학생
사진에 있는 가구를 제가 써도 돼요?
집주인
침대와 책상을 사용할 수 있습니다.
학생
주변 편의 시설은 어때요?
집주인
마트, 공원, 스포츠 센터가 있습니다.
학생
주말에 방을 좀 확인하고 싶은데요.
집주인
네, 주말에 보러 보세요.

63 글의 목적 고르기

① 이사할 집을 찾으려고
② 집에 대해 묻고 답하려고
③ 주변 사람들을 소개해 주려고
④ 집 안에 있는 물건을 물어보려고

해설

왜 이 글을 썼는지 찾는 문제입니다. 이 글에서 학생은 집에 대해 질문을 하고 집주인은 그 질문에 대답하고 있습니다. 집 주변의 편의 시설에 대해 묻고 "주말에 방을 확인하고 싶은데요."라고 말합니다. 따라서 정답은 ② '집에 대해 묻고 답하려고'입니다.

64 일치하는 내용 고르기

① 집주인은 주말에 외출할 겁니다.
→ 집주인은 주말에 집을 보여 줄 겁니다.
② 집주인이 침대를 사용하려고 합니다.
→ 학생이 침대를 사용하려고 합니다.
③ 학생은 집 사진을 보고 연락했습니다.
④ 집 주변에서 운동할 수 있는 곳이 없습니다.
→ 집 주변에 공원과 스포츠 센터가 있습니다.

[65-66] 글을 읽고 물음에 답하기

매년 한글날이 되면 인주 공원에서 '사랑해요, 한글' 축제를 합니다. 이 축제는 (㉠) 사람들이 좋아합니다. '한글 예쁘게 쓰기 대회'는 축제에 오는 사람들 모두 참여할 수 있고 '한국어 말하기 대회', '한국어 노래 대회'는 외국인만 됩니다. 올해는 '한글 이름 목걸이'를 무료로 만들어 주는 행사도 준비했습니다. 한글을 사랑하는 사람들이 함께하는 행복한 시간이 되면 좋겠습니다.

65 빈칸에 알맞은 말 고르기

① 참가비가 없어서
② 선물을 많이 줘서
③ 프로그램이 많아서 ✔
④ 아이들도 놀 수 있어서

해설

(㉠)의 뒤에 "사람들이 좋아합니다."라고 했습니다. 그래서 (㉠)에는 사람들이 좋아하는 이유가 올 수 있습니다. (㉠) 문장의 뒤에는 "한글 예쁘게 쓰기 대회", "한국어 말하기 대회", "한국어 노래 대회" 등의 여러 가지 프로그램이 소개되고 있습니다. 따라서 정답은 ③ '프로그램이 많아서'입니다.

66 일치하는 내용 고르기

① 매년 같은 장소에서 한글날 행사를 합니다. ✔
② 인주 공원에서 '한글 이름 목걸이'를 팝니다.
➜ '한글 이름 목걸이'를 무료로 만들어 줍니다.
③ 한국인은 '한국어 노래 대회'에서 노래할 수 있습니다.
➜ 외국인만 '한국어 노래 대회'에서 노래할 수 있습니다.
④ 외국인만 '한글 예쁘게 쓰기 대회'에 참여할 수 있습니다.
➜ '한글 예쁘게 쓰기 대회'는 축제에 오는 모든 사람이 할 수 있습니다.

[67-68] 글을 읽고 물음에 답하기

최근 노인을 돕는 로봇이 인기입니다. 이 로봇은 강아지와 같은 동물 모양이어서 귀엽습니다. 이 로봇은 혼자 사는 할아버지나 할머니하고 이야기합니다. 그래서 외로울 때 친구가 되어 줍니다. (㉠) 도움이 필요할 때 경찰에게 전화도 할 수 있습니다. 또 이 로봇은 물건이 어디에 있는지 알려 줄 수 있으니까 생활이 편해집니다. 이 로봇은 앞으로 혼자 사는 노인들에게 많은 도움을 줄 것입니다.

67 빈칸에 알맞은 말 고르기

① 혼자 요리를 하거나
② 동물과 같이 살거나
③ 위험한 일이 생기거나 ✔
④ 가족에게 연락을 하거나

해설

(㉠)의 뒤에서 "경찰에게 전화도 할 수 있습니다."라고 말했습니다. 그래서 (㉠)에는 경찰에게 전화해야 하는 이유가 나와야 합니다. 따라서 정답은 ③ '위험한 일이 생기거나'입니다.

68 일치하는 내용 고르기

① 이 로봇은 사람을 닮았습니다.
➜ 이 로봇은 강아지와 같은 동물 모양입니다.
② 이 로봇은 집안일을 다 해 줍니다.
➜ 이 로봇은 물건이 어디에 있는지 알려 줍니다.
③ 이 로봇은 노인의 산책을 돕습니다.
➜ 이 로봇은 노인들과 이야기를 할 수 있습니다.
④ 이 로봇은 외로운 노인들에게 인기가 많습니다. ✔

[69-70] 글을 읽고 물음에 답하기

저는 학생들을 가르치는 고등학교 3학년 선생님입니다. 학생들은 졸업하면 대학에 가거나 취직을 합니다. 그런데 학교를 떠난 후에도 (㉠) 학생들이 있습니다. 선생님의 날에는 "선생님 감사합니다."라고 연락하고 제 생일날에는 "선생님, 생일 축하합니다."라고 메시지도 보냅니다. 어떤 학생은 학교 근처에 오게 되면 학교에 인사하러 찾아옵니다. 부모가 되고 직장인이 된 학생들과 옛날 추억을 함께 이야기하면 정말 행복합니다. 이렇게 학생들에게 감동을 받을 때마다 앞으로 더 열심히 가르쳐야겠다고 생각합니다.

69 빈칸에 알맞은 말 고르기

① 가르쳐야 하는
② 일을 하지 않는
③ 공부하고 싶어 하는
④ 잊지 않고 연락하는 ✔

해설

(㉠) 앞은 "그런데"로 시작합니다. "그런데"의 앞과 뒤는 반대되는 내용이 옵니다. 앞에서 "학생들은 졸업을 하면 대학에 가거나 취직을 합니다."라고 했는데 이것은 학교를 떠나는 것입니다. 학교를 떠나면 하기 어려운 내용이 와야 합니다. 뒤 문장에서 선생님께 "연락하고 메시지도 보냅니다."라고 했습니다. 따라서 정답은 ④ '잊지 않고 연락하는'입니다.

70 일치하는 내용 고르기

① 저는 학생들이 연락을 해 줘서 고맙습니다. ✔
② 저는 학생들에게 감동을 주는 선생님입니다.
➜ 선생님이 학생들에게 감동을 받습니다.
③ 학생들은 졸업 후에 모두 대학에 입학합니다.
➜ 학생들은 졸업 후에 취직을 하거나 대학에 입학합니다.
④ 학생들은 졸업한 후에 학교에 오지 않습니다.
➜ 학교에 찾아와 인사하는 학생들이 있습니다.

제3회 한국어능력시험

정답 및 해설

Answer Key and Commentary

TOPIK I

듣기, 읽기

(Listening, Reading)

English Commentary PDF ➤

듣기 (1번 ~ 30번)

점수: (   )점/100점

1	2	3	4	5	6	7	8	9	10
②	①	②	③	③	④	①	④	③	③
11	**12**	**13**	**14**	**15**	**16**	**17**	**18**	**19**	**20**
①	①	②	①	①	②	①	①	①	④
21	**22**	**23**	**24**	**25**	**26**	**27**	**28**	**29**	**30**
④	③	③	②	③	④	③	④	④	②

1 맞는 대답 고르기

남자: 책이에요?
여자: ____________

① 네, 있어요.
② 네, 책이에요.
③ 아니요, 책이 좋아요.
④ 아니요, 책이 없어요.

해설
"책이에요?"라고 질문을 했습니다. 그러면 '네, 책이에요.' 또는 '아니요, 책이 아니에요.'라고 대답해야 합니다. 따라서 정답은 ② '네, 책이에요.'입니다.

TIP
질문 'N이에요/예요?'에는 '네, N이에요/예요.' 또는 '아니요, N이/가 아니에요.'로 대답합니다.

2 맞는 대답 고르기

여자: 빵이 많아요?
남자: ____________

① 네, 빵이 많아요.
② 네, 빵이 비싸요.
③ 아니요, 빵이 있어요.
④ 아니요, 빵을 안 사요.

해설
"빵이 많아요?"라고 질문을 했습니다. 그러면 '네, 빵이 많아요.' 또는 '아니요, 빵이 안 많아요.'로 대답해야 합니다. 따라서 정답은 '① 네, 빵이 많아요.'입니다.

TIP
질문 'N이/가 A-아/어요?'에는 '네, N이/가 A-아/어요.' 또는 '아니요, N이/가 안 A-아/어요.', '아니요, N이/가 A-지 않아요.'로 대답합니다.

3 맞는 대답 고르기

남자: 무슨 과일을 먹어요?
여자: ____________

① 동생이 먹어요.
② 사과를 먹어요.
③ 주말에 먹어요.
④ 식당에서 먹어요.

해설
"무슨 과일을 먹어요?"라고 질문했습니다. 질문에 '무슨'이 있으면 종류를 대답하면 됩니다. 따라서 정답은 ② '사과를 먹어요.'입니다.

4 맞는 대답 고르기

여자: 집에 어떻게 가요?
남자: ____________

① 제가 가요.
② 식당에 가요.
③ 버스로 가요.
④ 두 시에 가요.

해설
"집에 어떻게 가요?"라고 질문했습니다. 질문에 '어떻게'가 있으면 방법, 수단을 답해야 합니다. 따라서 정답은 ③ '버스로 가요.'입니다.

5 이어지는 말 고르기

> 남자: 생일 축하합니다.
> 여자: ________________

① 죄송합니다.
② 환영합니다.
③ 감사합니다.
④ 반갑습니다.

해설
"생일 축하합니다."라는 축하 인사를 받으면 감사의 뜻으로 '감사합니다.' 또는 '고맙습니다.'라고 대답할 수 있습니다. 따라서 정답은 ③ '감사합니다.'입니다.

6 이어지는 말 고르기

> 여자: 여기요, 주문할게요.
> 남자: ________________

① 네, 잘 먹겠습니다.
② 네, 안녕히 가세요.
③ 네, 처음 뵙겠습니다.
④ 네, 잠시만 기다리세요.

해설
식당에서 손님이 "여기요, 주문할게요."라고 하면 직원은 보통 '네, 알겠습니다.' 또는 '네, 잠시만 기다리세요.'라고 대답합니다. 따라서 정답은 ④ '네, 잠시만 기다리세요.'입니다.

7 장소 고르기

> 남자: 어디가 아파요?
> 여자: 머리가 아파요.

① 병원　　② 서점
③ 미용실　　④ 우체국

해설
남자가 아픈 곳을 물어봅니다. 여자는 "머리가 아파요."라고 말합니다. 주로 병원과 약국에서 어디가 아픈지 말합니다. 따라서 정답은 ① '병원'입니다.

TIP
- 서점: 책을 살 수 있는 곳입니다.
- 미용실: 머리를 자르거나 파마할 수 있는 곳입니다.
- 우체국: 편지를 보낼 수 있는 곳입니다.

8 장소 고르기

> 여자: 커피는 어디에 있어요?
> 남자: 오른쪽으로 가면 우유 옆에 있습니다.

① 집　　② 식당
③ 옷가게　　④ 슈퍼마켓

해설
여자가 커피가 있는 위치를 물어봅니다. 남자는 커피가 "우유 옆에 있습니다."라고 했습니다. 커피와 우유는 모두 슈퍼마켓에 있습니다. 따라서 정답은 ④ '슈퍼마켓'입니다.

TIP
- 집: 생활하며 사는 곳입니다.
- 식당: 밥을 사 먹는 곳입니다.
- 옷가게: 옷을 파는 곳입니다.

9 장소 고르기

> 남자: 몇 번 버스를 타요?
> 여자: 750번 버스를 타세요.

① 공원　　② 여행사
③ 정류장　　④ 지하철역

해설
남자가 버스의 번호를 물어봅니다. 여자는 "750번 버스를 타세요."라고 말합니다. 버스를 타는 곳은 버스 정류장입니다. 따라서 정답은 ③ '정류장'입니다.

TIP
- 공원: 산책을 할 수 있는 곳입니다.
- 여행사: 비행기 표를 살 수 있고, 여행에 대해 알아볼 수 있는 곳입니다.
- 지하철역: 지하철을 타는 곳입니다.

10 장소 고르기

> 여자: 다른 색으로 써 봐도 될까요?
> 남자: 네, 써 보세요. 잘 어울릴 거예요.

① 꽃집　　② 약국
③ 안경 가게　　④ 신발 가게

해설
여자가 "다른 색으로 써 봐도 될까요?"라고 물어봅니다. 남자는 "써 보세요."라고 말했습니다. 동사 '쓰다'를 사용할 수 있는 물건은 안경이나 모자입니다. 따라서 정답은 ③ '안경 가게'입니다.

TIP
- 꽃집: 꽃을 파는 곳입니다.
- 약국: 약을 파는 곳입니다.
- 신발 가게: 신발을 파는 곳입니다.

11 화제 고르기

남자: 어디에서 산책해요?
여자: 공원에서 해요.

✔ 장소 ② 주말
③ 나라 ④ 시간

해설
남자는 "어디에서 산책해요?"라고 물어봅니다. 여자는 "공원에서 해요."라고 말합니다. '어디'와 '공원'은 모두 '장소'를 나타내는 단어입니다. 따라서 정답은 ① '장소'입니다.

12 화제 고르기

여자: 무엇을 들어요?
남자: 한국 가수의 노래를 들어요.

✔ 음악 ② 운동
③ 영화 ④ 여행

해설
여자는 "무엇을 들어요?"라고 물어봅니다. 남자는 "한국 가수의 노래를 들어요."라고 말합니다. 두 사람은 음악에 대해 이야기하고 있습니다. 따라서 정답은 ① '음악'입니다.

13 화제 고르기

남자: 생일에 뭘 받고 싶어요?
여자: 저는 꽃을 받고 싶어요.

① 장소 ✔ 선물
③ 주말 ④ 쇼핑

해설
남자는 여자에게 생일에 받고 싶은 것을 물어봅니다. 여자는 "저는 꽃을 받고 싶어요."라고 대답합니다. 두 사람은 생일 선물에 대해 이야기하고 있습니다. 따라서 정답은 ② '선물'입니다.

14 화제 고르기

여자: 김치찌개에 소금을 넣었어요?
남자: 네, 조금 넣었어요. 짜요?

✔ 맛 ② 값
③ 요일 ④ 취미

해설
여자는 남자에게 "김치찌개에 소금을 넣었어요?"라고 물어봅니다. 남자는 "조금 넣었는데 짜요?"라고 다시 물어봅니다. '짜다'는 음식의 맛을 의미합니다. 따라서 정답은 ① '맛'입니다.

15 일치하는 내용 고르기

남자: 식당 앞에 사람들이 정말 많네요.
여자: 우리도 여기에서 먹고 갈까요?

✔ 
② 
③ 
④ 

해설
남자는 "식당 앞에 사람들이 정말 많네요."라고 말합니다. 여자도 "우리도 여기서 먹고 갈까요?"라고 대답합니다. 두 사람이 식당 밖에서 식당 앞의 사람들을 보고 있는 그림을 찾아야 합니다. 따라서 정답은 ①입니다.

16 일치하는 내용 고르기

여자: 눈이 많이 오니까 운전하지 말고 지하철을 타는 게 어때요?
남자: 그럼 차는 주차장에 놓고 가야겠어요.

① 
✔ 
③ 
④ 

해설
여자는 눈이 오기 때문에 "운전하지 말고 지하철을 타는 게 어때요?"라고 말합니다. 남자도 "그럼 주차장에 차를 놓고 가야겠어요."라고 합니다. 두 사람이 눈이 오는 장소에서 이야기하고 있는 그림을 찾아야 합니다. 지하철역에 있는 모습은 맞지 않습니다. 따라서 정답은 ②입니다.

17 일치하는 내용 고르기

여자: 민수 씨, 머리를 짧게 잘랐네요. 멋있어요.
남자: 일요일에 머리를 자르고 처음으로 머리색도 바꿨어요.
여자: 잘 어울려요. 저도 머리 색깔을 바꾸고 싶어요.

✔ 남자는 주말에 미용실에 갔습니다.
② 남자는 머리색을 바꾸러 갈 겁니다.
→ 남자는 머리색을 바꿨습니다.
③ 여자는 머리를 자르고 싶어 합니다.
→ 여자는 머리색을 바꾸고 싶어 합니다.
④ 여자는 남자와 같이 미용실에 갔습니다.
→ 여자와 남자가 같이 미용실에 가지 않았습니다.

18 일치하는 내용 고르기

남자: 방학에 자전거 여행을 가려고 하는데 수미 씨도 같이 갈래요?
여자: 와, 재미있겠어요. 그런데 제가 자전거를 못 타요.
남자: 연습하면 탈 수 있어요. 매일 저하고 같이 연습해요.
여자: 그럼 오늘 수업 끝나고 연습을 시작하는 게 좋겠어요.

✔ 여자는 자전거를 탈 수 없습니다.
② 남자는 혼자 여행을 가려고 합니다.
→ 남자는 여자와 같이 여행을 가고 싶습니다.
③ 남자는 오늘 자전거 여행을 갈 겁니다.
→ 남자는 방학에 여행을 가려고 합니다.
④ 여자는 지금 자전거를 연습하러 갑니다.
→ 여자는 수업 후에 자전거 연습을 시작하려고 합니다.

19 일치하는 내용 고르기

여자: 우리 학교에서 축제를 하는데 구경하러 올래요?
남자: 와, 재미있겠어요. 언제 해요?
여자: 오늘 저녁부터 삼일 동안 하니까 친구들과 함께 오세요.
남자: 네, 좋아요. 이따가 수업 끝나고 갈게요.

✔ 남자는 오늘 수업이 있습니다.
② 여자는 친구와 함께 축제에 갑니다.
→ 남자는 친구와 여자의 학교 축제에 가려고 합니다.
③ 여자는 삼일 동안 축제를 보러 갑니다.
→ 축제는 삼일 동안 합니다.
④ 남자는 지금 축제를 구경하고 있습니다.
→ 남자는 이따가 수업 끝나고 축제에 가려고 합니다.

20 일치하는 내용 고르기

여자: 민수 씨는 기분이 안 좋을 때 무엇을 해요?
남자: 저는 친구를 만나거나 혼자 산책해요. 수미 씨는요?
여자: 저는 매운 음식을 먹으러 가요. 매운 것을 먹으면 기분이 좋아져요.
남자: 정말요? 저도 다음에 기분이 안 좋을 때 한번 먹어 볼게요.

① 남자는 오늘 매운 것을 먹을 겁니다.
→ 남자는 기분이 안 좋을 때 매운 것을 먹어 볼 겁니다.
② 여자는 친구를 만나면 기분이 좋습니다.
→ 여자는 매운 것을 먹으면 기분이 좋아집니다.
③ 남자는 친구와 같이 산책하러 갈 겁니다.
→ 남자는 기분이 안 좋을 때 친구를 만나거나 혼자 산책합니다.
✔ 여자는 기분이 안 좋으면 매운 것을 먹습니다.

21 일치하는 내용 고르기

여자: 어서 오세요. 무엇을 도와 드릴까요?
남자: 학생증을 잃어버려서요. 다시 만들 수 있어요?
여자: 네, 그럼요. 여기 신청서를 써 주세요. 그리고 사진 한 장 주세요.
남자: 아, 사진을 안 가져왔네요. 내일 다시 올게요.

① 남자는 사진을 찍으러 왔습니다.
→ 남자는 학생증을 만들러 왔습니다.
② 남자는 신청서를 잃어버렸습니다.
→ 남자는 학생증을 잃어버렸습니다.
③ 남자는 오늘 학생증을 만들었습니다.
→ 남자는 학생증을 만들러 내일 다시 올 겁니다.
✔ 남자는 학생증을 만들고 싶어 합니다.

22 중심 생각 고르기

남자: 저는 커피숍에서 공부하면 공부가 더 잘 되는 것 같아요.
여자: 그래요? 전 주변이 시끄러워서 잘 안 돼요.
남자: 전 너무 조용하면 자고 싶어요. 수미 씨는 조용한 곳이 좋아요?
여자: 네, 저는 공부할 때 음악도 듣지 않아요.

① 음악은 공부를 도와줍니다.
② 커피숍에서 공부를 하고 싶습니다.
✔ 공부할 때는 조용한 곳이 좋습니다.
④ 자고 싶을 때는 공부를 안 해야 합니다.

제3회

해설

남자는 커피숍에서 공부하면 공부가 더 잘 됩니다. 그 말을 듣고 여자는 "전 주변이 시끄러워서 잘 안 돼요."라고 했습니다. 남자가 "조용한 곳이 좋아요?"라고 물으니까 "네."라고 답했습니다. 따라서 정답은 ③ '공부할 때는 조용한 곳이 좋습니다.'입니다.

23 중심 생각 고르기

> **여자:** 오늘도 옆집 문 앞에 쓰레기가 있어요.
> **남자:** 어젯밤부터 있었는데 지금도 있어요? 냄새도 나요.
> **여자:** 문 앞에 쓰레기를 두니까 냄새 때문에 살 수가 없네요.
> **남자:** 말하지 않으면 우리가 힘든 것을 모를 거예요. 직접 가서 말해 봅시다.

① 쓰레기를 빨리 버려야 합니다.
② 쓰레기를 문 앞에 놓아도 됩니다.
✔ 옆집 사람 때문에 아주 힘듭니다.
④ 옆집 사람과 잘 지내는 것이 어렵습니다.

해설

여자의 옆집에 사는 사람이 쓰레기를 문 앞에 놓습니다. 그래서 여자는 "냄새 때문에 살 수가 없네요."라고 했습니다. 살 수가 없다는 것은 아주 힘들다는 의미입니다. 따라서 정답은 ③ '옆집 사람 때문에 아주 힘듭니다.'입니다.

24 중심 생각 고르기

> **남자:** 이 가방 멋있지요?
> **여자:** 멋있어요. 그런데 가방이 작네요. 조금 더 크면 편할 것 같아요.
> **남자:** 하지만 크기보다 멋이 중요해요. 저는 작은 게 더 멋있어요.
> **여자:** 저는 편한 게 더 중요해요. 큰 가방이 물건이 많이 들어가서 좋을 것 같아요.

① 작은 가방이 멋있어서 좋습니다.
✔ 가방은 사용할 때 편해야 합니다.
③ 가방에 물건을 조금만 넣어야 합니다.
④ 작은 가방과 큰 가방이 모두 필요합니다.

해설

남자가 가방을 보여 주니까 여자는 "가방이 작네요. 조금 더 크면 편할 것 같아요."라고 했습니다. 여자는 편한 게 더 중요합니다. 중심 생각을 나타낼 때는 문법 'V-는 것이 좋다/낫다/중요하다'를 자주 사용합니다. 따라서 정답은 ② '가방은 사용할 때 편해야 합니다.'입니다.

[25-26] 대화 듣고 물음에 답하기

> **여자:** 학생 여러분 안녕하십니까? 이번 주 일요일에 우리 대학에서 한국어능력시험이 있습니다. 토요일 오후 다섯 시부터 시험이 끝나는 일요일 다섯 시까지 A동 건물에 들어갈 수 없습니다. 시험 기간 동안 학교 주차장 이용도 어려우니 버스나 지하철 이용을 부탁드립니다. 하지만 학교 내 식당은 문을 엽니다. 학교 시설 이용에 불편을 드려 죄송합니다.

25 화자의 의도/목적 고르기

① 학교 행사를 소개하려고
② 학교 주차장 위치를 가르쳐 주려고
✔ 학교 시설 이용에 대해 안내하려고
④ 학교 식당 이용 시간을 알려 주려고

해설

여자는 학생들에게 안내 방송을 합니다. 여자가 무엇을 위해서 방송하는지 찾으면 됩니다. 여자는 이번 일요일 시험 때문에 이용할 수 없는 곳이 어디인지 알려 주고 있습니다. 따라서 정답은 ③ '학교 시설 이용에 대해 안내하려고'입니다.

26 일치하는 내용 고르기

① 주말에는 학교에 주차할 수 없습니다.
→ 시험이 있는 일요일에만 학교에 주차할 수 없습니다.
② 주말에 학교 식당에서 밥을 먹지 못합니다.
→ 학교 식당은 문을 열어서 이용할 수 있습니다.
③ 주말 동안 학교에서 학생들이 시험을 봅니다.
→ 일요일에 학교에서 학생들이 시험을 봅니다.
✔ 토요일 오전에는 학교 건물을 이용할 수 있습니다.

[27-28] 대화 듣고 물음에 답하기

> **남자:** 여기 처음 왔는데 제가 좋아하는 화가의 그림이 아주 많아요.
> **여자:** 네, 유명한 그림이 많아서 사람들이 자주 찾는 미술관이에요.
> **남자:** 그림이 정말 예쁘네요. 여기서 사진을 찍어도 돼요?
> **여자:** 미술관에서는 사진을 찍으면 안 돼요. 그리고 민수 씨, 지금 목소리도 좀 큰 것 같아요.
> **남자:** 제 목소리가 컸어요? 미안해요. 그림만 보고 주변 사람들을 생각하지 못했군요. 앞으로 조심할게요.
> **여자:** 네, 저도 가끔 실수할 때가 있어요. 괜찮아요.

27 화제 고르기

① 미술관에 있는 그림
② 미술관에 오는 사람
✔ 미술관에서 하면 안 되는 일
④ 미술관에서 그림을 보는 방법

해설

두 사람이 무엇에 대해서 대화하는지 찾아야 합니다. 여자가 남자에게 "미술관에서 사진을 찍으면 안 돼요.", "목소리가 좀 큰 것 같아요."처럼 잘못한 행동에 대해서 말하고 있습니다. 따라서 정답은 ③ '미술관에서 하면 안 되는 일'입니다.

28 일치하는 내용 고르기

① 여자는 이 미술관을 자주 찾아옵니다.
→ 여자는 이 미술관은 "사람들이 자주 찾는 미술관이에요."라고 말했습니다.

② 남자는 이 미술관에 온 적이 있습니다.
→ 남자는 이 미술관에 처음 왔습니다.

③ 여자는 이 미술관에서 사진을 찍었습니다.
→ 여자는 남자에게 "미술관에서 사진을 찍으면 안 돼요."라고 말했습니다.

✔ 남자는 이 미술관에서 큰 소리로 말했습니다.

[29-30] 대화 듣고 물음에 답하기

남자: '올해의 소설가' 상을 받으신 소설가 김민경 님을 모셨습니다. 처음에 어떻게 소설을 쓰기 시작하셨어요?
여자: 저는 어렸을 때부터 책을 좋아하고 항상 글 쓰는 것을 즐겼어요. 그때마다 어머니께서는 제가 쓴 글을 가장 먼저 읽는 분이셨죠. 제 글을 기다리시는 어머니께 좋은 글을 써 드리고 싶었어요.
남자: 정말 멋진 이야기네요. 그러면 소설가가 되고 싶어 하는 학생들에게 한 말씀 부탁드릴게요.
여자: 글은 계속 쓰는 것이 중요해요. 그리고 소설가가 되려면 다양한 경험을 해야 합니다.
남자: 좋은 말씀 감사합니다. 지금 쓰고 계신 소설은 언제 나오나요?
여자: 크리스마스쯤에 나옵니다. 제 글을 기다리시는 분들께 선물이 되면 좋겠습니다.

29 의도/목적/이유 고르기

① 멋있는 소설을 쓰고 싶어서
② 어렸을 때 상을 받고 기뻐서
③ 다양한 경험을 할 수 있어서
✔ 어머니께 글을 써 드리고 싶어서

해설

여자가 글을 쓰게 된 이유를 찾아야 합니다. 남자가 여자에게 "어떻게 소설을 쓰기 시작하셨어요?"라고 글을 쓰게 된 이유를 물었습니다. 그 다음에 나오는 여자의 말에서 이유를 찾으면 됩니다. 따라서 정답은 ④ '어머니께 글을 써 드리고 싶어서'입니다.

30 일치하는 내용 고르기

① 여자는 작년에 상을 받았습니다.
→ 대화에 나오지 않아서 알 수 없습니다.

✔ 여자의 책은 크리스마스쯤에 나옵니다.

③ 여자의 어머니는 책을 많이 읽고 썼습니다.
→ 여자는 어렸을 때부터 책을 좋아하고 항상 글을 썼습니다.

④ 여자는 학생들에게 소설을 가르치고 있습니다.
→ 여자는 소설가가 되고 싶어 하는 학생들에게 도움이 되는 말을 해 줬습니다.

읽기 (31번 ~ 70번)

점수: (　　)점/100점

31	32	33	34	35	36	37	38	39	40
①	③	①	①	①	③	③	④	③	②
41	42	43	44	45	46	47	48	49	50
③	③	③	②	③	④	④	①	②	①
51	52	53	54	55	56	57	58	59	60
②	④	④	①	④	③	②	③	③	②
61	62	63	64	65	66	67	68	69	70
②	①	②	①	④	③	②	③	③	②

31 화제 고르기

저는 스물두 살입니다. 동생은 스무 살입니다.

✔ 나이　② 가족
③ 음식　④ 나라

해설
'스물두 살', '스무 살'은 나이를 나타내는 단어입니다. 따라서 정답은 ① '나이'입니다.

32 화제 고르기

아버지는 회사원입니다. 어머니는 의사입니다.

① 장소　② 운동
✔ 직업　④ 여행

해설
회사원과 의사는 직업을 나타내는 단어입니다. 따라서 정답은 ③ '직업'입니다.

33 화제 고르기

하늘이 흐립니다. 비도 많이 옵니다.

✔ 날씨　② 약속
③ 쇼핑　④ 시간

해설
'하늘', '흐리다', '비'는 날씨와 관계된 단어입니다. 따라서 정답은 ① '날씨'입니다.

34 빈칸에 알맞은 말 고르기

(　　　　)에 갑니다. 과일을 삽니다.

✔ 시장　② 병원
③ 운동장　④ 화장실

해설
'(　)에 가다'는 'N에 가다'입니다. 여기에서 N은 '장소'입니다. 네 장소 중 과일을 살 수 있는 곳은 시장입니다. 따라서 정답은 ① '시장'입니다.

35 빈칸에 알맞은 말 고르기

커피를 마십니다. 주스(　　　　) 마십니다.

✔ 도　② 만
③ 에서　④ 하고

해설
알맞은 '조사'를 고르는 문제입니다. 같은 종류의 것을 다시 말할 때 조사 '도'를 씁니다. 커피와 주스는 음료수입니다. 앞 문장에서 "커피를 마십니다."라고 했으니까 주스 뒤에 '도'를 사용해서 '주스도 마십니다.'라고 해야 합니다. 따라서 정답은 ① '도'입니다.

36 빈칸에 알맞은 말 고르기

도서관에 갑니다. 책을 (　　　).

① 잡니다　② 삽니다
③ 읽습니다　④ 말합니다

해설
알맞은 '동사'를 고르는 문제입니다. '책'과 어울리는 동사는 '사다'와 '읽다'입니다. 도서관에서는 책을 살 수 없습니다. 따라서 정답은 ③ '읽습니다'입니다.

37 빈칸에 알맞은 말 고르기

(　　　) 밥을 먹었습니다. 지금 배가 안 고픕니다.

① 가끔　② 보통
③ 아까　④ 제일

해설
알맞은 '부사'를 고르는 문제입니다. "지금 배가 안 고픕니다."라고 했으니까 몇 시간, 몇 분 전에 밥을 먹었을 겁니다. 지나간 시간을 나타낼 때는 '벌써', '아까', '이미' 등을 사용할 수 있습니다. 따라서 정답은 ③ '아까'입니다.

TIP
- 가끔: 자주 하지 않는 것입니다.
- 보통: 특별하지 않은 것입니다.
- 제일: 여러 가지 중에서 첫 번째입니다.

38 빈칸에 알맞은 말 고르기

음악을 좋아합니다. 그래서 매일 음악을 (　　　).

① 옵니다　② 씁니다
③ 보냅니다　④ 듣습니다

해설
알맞은 '동사'를 고르는 문제입니다. 명사 '음악'은 소리이기 때문에 동사 '듣다'와 어울립니다. 따라서 정답은 ④ '듣습니다'입니다.

39 빈칸에 알맞은 말 고르기

머리가 (　　　). 약을 먹습니다.

① 큽니다　② 비쌉니다
③ 아픕니다　④ 깨끗합니다

해설
알맞은 '형용사'를 고르는 문제입니다. "약을 먹습니다."라고 했습니다. 약을 먹는 이유를 써야 합니다. 아플 때 약을 먹습니다. 따라서 정답은 ③ '아픕니다'입니다.

40 일치하지 않는 내용 고르기

① 주스입니다.
② 시월까지 팝니다.
→ 구월까지 팝니다.
③ 삼천 오백 원입니다.
④ 주스 안에 수박이 있습니다.

41 일치하지 않는 내용 고르기

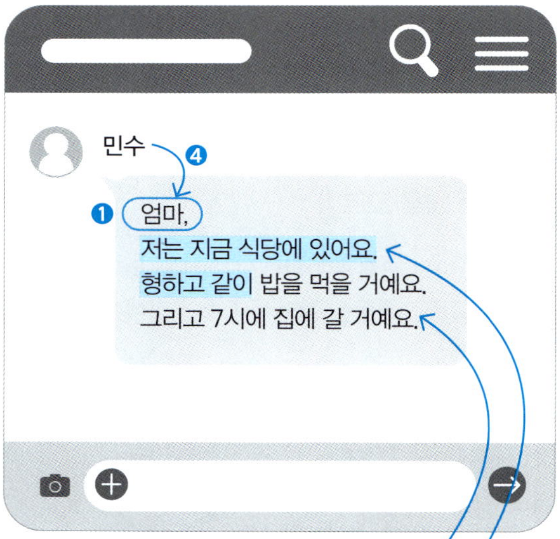

민수 ❹
❶ 엄마,
저는 지금 식당에 있어요.
형하고 같이 밥을 먹을 거예요.
그리고 7시에 집에 갈 거예요.

① 민수 씨는 아들입니다.
② 민수 씨는 일곱 시에 집에 갈 겁니다.
③ 민수 씨는 형하고 같이 집에 있습니다.
→ 민수 씨는 지금 식당에 있습니다.
④ 민수 씨는 엄마에게 메시지를 보냈습니다.

42 일치하지 않는 내용 고르기

학생 식당 이용 안내
운영 시간
평일
월요일~금요일
AM 11:00~PM 2:00
주말
토요일
PM 12:00~2:00
이용 금액
학생
점심 4,500원
(토요일 5,500원)
직원
점심 5,500원

① 일요일에 문을 닫습니다.
② 토요일에 음식이 더 비쌉니다.
✔ 학생만 밥을 먹을 수 있습니다.
→ 직원도 점심을 먹을 수 있습니다.
④ 토요일 오전에 밥을 먹을 수 없습니다.

43 일치하는 내용 고르기

> 저는 매일 아침 산책을 합니다. 저녁에는 농구도 합니다. 그러나 동생은 운동을 싫어해서 매일 집에서 컴퓨터 게임만 합니다.

① 저는 아침에 농구를 합니다.
→ 저는 저녁에 농구를 합니다.
② 저는 동생과 같이 운동합니다.
→ 동생은 집에서 컴퓨터 게임만 합니다.
✔ 동생은 운동을 안 좋아합니다.
④ 동생은 매일 운동을 하고 게임도 합니다.
→ 동생은 컴퓨터 게임만 합니다.

44 일치하는 내용 고르기

> 오늘은 제 친구 수미 씨의 생일입니다. 친구 집에서 생일 파티를 할 겁니다. 저는 친구가 좋아하는 꽃하고 케이크를 샀습니다.

① 오늘 제 생일입니다.
→ 오늘 수미 씨의 생일입니다.
✔ 수미 씨는 제 친구입니다.
③ 어제 생일 파티를 했습니다.
→ 오늘 생일 파티를 할 겁니다.
④ 저는 꽃하고 케이크를 좋아합니다.
→ 친구가 꽃하고 케이크를 좋아합니다.

45 일치하는 내용 고르기

> 저는 사진 찍는 것을 좋아합니다. 그래서 시간이 있을 때 공원에 가서 사진을 찍습니다. 공원에서 친구들의 사진을 찍어서 선물로 줍니다.

① 저는 카메라가 없습니다.
→ 저는 카메라가 있어서 공원에 가서 사진을 찍을 수 있습니다.
② 저는 사진을 찍어서 팝니다.
→ 저는 사진을 찍어서 선물로 줍니다.
✔ 저는 공원에서 사진을 찍습니다.
④ 저는 사진 찍는 것을 좋아하지 않습니다.
→ 저는 사진 찍는 것을 좋아합니다.

46 중심 내용 고르기

> 친구와 같이 영화를 보러 갑니다. 저는 무서운 영화를 보고 싶습니다. 무섭지만 재미있어서 보고 싶습니다.

① 저는 영화를 볼 겁니다.
② 저는 영화를 자주 봅니다.
③ 저는 재미있는 영화를 보고 싶습니다.
✔ 저는 무서운 영화 보는 것을 좋아합니다.

해설
이 사람은 "무서운 영화를 보고 싶습니다."라고 했습니다. 무섭지만 재미있기 때문입니다. 중심 생각을 나타내는 문장에는 문법 'V-고 싶다', 'A/V-(으)면 좋겠다'를 자주 사용합니다. 따라서 정답은 ④ '저는 무서운 영화 보는 것을 좋아합니다.'입니다.

47 중심 내용 고르기

> 저는 요리를 좋아합니다. 내일은 한국 친구와 같이 한국 음식을 만들어 볼 겁니다. 맛있게 만들면 좋겠습니다.

① 저는 한국 음식을 좋아합니다.
② 저는 한국 음식이 맛있습니다.
③ 저는 한국 음식을 먹고 싶습니다.
✔ 저는 한국 음식을 잘 만들고 싶습니다.

해설
이 사람은 내일 한국 친구와 같이 한국 음식을 만들 겁니다. 글의 마지막에 "맛있게 만들면 좋겠습니다."라고 했습니다. 중심 생각을 표현한 문장에는 문법 'V-고 싶다', 'A/V-(으)면 좋겠다'를 자주 사용합니다. 따라서 정답은 ④ '저는 한국 음식을 잘 만들고 싶습니다.'입니다.

48 중심 내용 고르기

할머니가 저를 보러 우리 집에 자주 옵니다. 그런데 어젯밤에 눈이 많이 와서 차도 막히고 사람도 다니기 힘듭니다. 할머니가 우리 집에 올 때 너무 힘들 것 같습니다.

① 저는 할머니를 걱정합니다.
② 저는 차가 막히니까 힘듭니다.
③ 저는 눈이 많이 와서 좋습니다.
④ 저는 날씨가 나쁠 때 집에 있습니다.

해설
어제 눈이 많이 왔습니다. 그래서 "할머니가 우리 집에 올 때 너무 힘들 것 같습니다."라고 말합니다. 이 사람은 눈 때문에 할머니가 힘든 것을 말하고 있습니다. 따라서 정답은 ① '저는 할머니를 걱정합니다.'입니다

[49-50] 글을 읽고 물음에 답하기

저는 지금 한국에서 공부하고 있는 유학생입니다. 한국어를 배우고 있는데 한국어는 우리 나라 말과 달라서 아주 어렵습니다. 공부할 때 모르는 것이 나오면 한국 친구에게 물어봅니다. 그 한국 친구도 다른 나라에서 유학한 적이 있어서 제 마음을 잘 이해합니다. 그래서 제가 모르는 것을 물으면 항상 (㉠) 가르쳐 줍니다.

49 빈칸에 알맞은 말 고르기

① 친절한 ② 친절하게
③ 친절하고 ④ 친절하지만

해설
이 사람은 한국어를 공부할 때 모르는 것이 있으면 한국 친구에게 물어봅니다. 그 한국 친구도 다른 나라에서 유학한 적이 있어서 이 사람의 마음을 잘 이해합니다. 그 친구가 '어떻게' 가르쳐 주는지 설명하려면, 문법 'A-게'를 사용하면 됩니다. 따라서 정답은 ② '친절하게'입니다.

50 일치하는 내용 고르기

① 저는 한국에 살고 있습니다.
② 저는 한국어를 공부할 겁니다.
→ 저는 한국어를 공부하고 있습니다.
③ 저는 한국어가 어렵지 않습니다.
→ 한국어는 우리 나라 말과 달라서 아주 어렵습니다.
④ 저는 한국 친구를 많이 도와줍니다.
→ 한국 친구가 저를 도와줍니다.

[51-52] 글을 읽고 물음에 답하기

저는 미국 사람인데 지금 한국에 삽니다. 제가 한국에 온 이유는 한국 가수를 좋아하기 때문입니다. 한국에 와서 제가 좋아하는 가수의 콘서트에 여러 번 갔습니다. 콘서트에서 노래를 들을 때 너무 행복했습니다. (㉠) 저는 계속 한국에 살면서 콘서트에 또 가고 싶습니다.

51 빈칸에 알맞은 말 고르기

① 그러면 ② 그래서
③ 그리고 ④ 그렇지만

해설
(㉠) 앞에서는 "콘서트에서 노래를 들을 때 행복했습니다."라고 했습니다. (㉠) 뒤에서는 "계속 한국에 살면서 콘서트에 또 가고 싶습니다."라고 했습니다. 한국에 계속 살고 싶은 이유가 바로 콘서트에서 행복했기 때문입니다. 이때 (㉠)에는 '이유'를 나타내는 '그래서', '따라서', '그러니까', '그렇기 때문에' 등을 사용할 수 있습니다. 따라서 정답은 ② '그래서'입니다.

52 화제 고르기

① 콘서트에 가는 방법
② 콘서트에 가면 좋은 점
③ 한국에서 할 수 있는 일
④ 한국 생활이 즐거운 이유

해설
무엇에 대한 글인지 찾아야 합니다. 이 사람은 미국 사람인데 한국에 살고 있습니다. 한국 가수를 좋아하기 때문에 한국에 왔습니다. 또 "콘서트에서 노래를 들을 때 너무 행복했습니다."라고 했습니다. 행복한 한국 생활에 대해 말하고 있습니다. 따라서 정답은 ④ '한국 생활이 즐거운 이유'입니다.

[53-54] 글을 읽고 물음에 답하기

저는 매일 걸어서 출근을 합니다. 출근할 때 지하철이나 버스를 타면 회사까지 10분 정도 걸리는 거리지만 걸어서 갑니다. 가끔 춥거나 더울 때는 걷는 것이 조금 힘듭니다. 하지만 음악을 들으면서 걸으면 기분이 좋아집니다. 매일 (㉠) 몸과 마음이 건강해지는 것 같습니다.

53 빈칸에 알맞은 말 고르기

① 걷거나 ② 걷지만
③ 걸으러 ④ 걸어서

해설
(㉠) 뒤에서 "몸과 마음이 건강해지는 것 같습니다."라고 했습니다. 그 이유는 이 사람이 매일 걸어서 출근하기 때문입니다. 걸어서 출근하는 것을 설명하는 글입니다. 따라서 정답은 ④ '걸어서'입니다.

54 일치하는 내용 고르기

✔ 저는 회사에 갈 때 음악을 듣습니다.
② 저는 지하철과 버스로 회사에 갑니다.
→ 저는 매일 걸어서 회사에 갑니다.
③ 저는 건강이 안 좋아서 걷고 있습니다.
→ 매일 걸어서 건강해지는 것 같습니다.
④ 저는 매일 아침에 운동을 하고 출근합니다.
→ 매일 운동을 하지 않습니다. 매일 걸어서 출근합니다.

[55-56] 글을 읽고 물음에 답하기

한국어를 공부할 때 도움이 되는 방법이 많습니다. 그 중에서 한국 드라마를 보는 것이 제일 좋은 방법입니다. 한국 드라마를 많이 보면서 한국어를 들을 수 있어서 듣기 능력에 도움이 됩니다. 드라마를 보면서 배우의 말을 (㉠) 것도 좋습니다. 그렇게 따라서 말하면 말하기 능력도 좋아질 겁니다. 외국어를 공부할 때는 그 외국어를 많이 듣고 말하는 것이 제일 중요합니다.

55 빈칸에 알맞은 말 고르기

① 써 보는
② 듣지 않는
③ 만들려고 하는
✔ 똑같이 말해 보는

해설
(㉠) 뒤에 "그렇게 따라서 말하면"이라고 했습니다. '그렇게'로 시작하는 문장이 있으면 그 앞 문장을 잘 봐야 합니다. '그렇게 따라서 말하면'은 배우의 말을 듣고 똑같이 한다는 의미입니다. 따라서 정답은 ④ '똑같이 말해 보는'입니다.

56 일치하는 내용 고르기

① 공부할 때 드라마를 보면 재미있습니다.
→ 재미있다는 말은 하지 않았습니다.
② 드라마를 볼 때 듣기 능력이 중요합니다.
→ 드라마를 보면 듣기 능력에 도움이 됩니다.
✔ 드라마를 보면 말하기 능력이 좋아질 수 있습니다.
④ 한국 드라마를 보면 다른 외국어도 잘할 수 있습니다.
→ 한국 드라마를 보면 한국어를 잘할 수 있습니다.

57 알맞은 순서로 배열한 것 고르기

(가) 집에 가는데 갑자기 비가 내렸습니다.
(나) 저는 우산이 없어서 마트 앞에 서 있었습니다.
(다) 그 아이는 저에게 와서 "제 우산을 같이 써요."라고 말했습니다.
(라) 그때, 옆집에 사는 아이가 마트에서 나오면서 저를 봤습니다.

① (가) - (나) - (다) - (라)
✔ (가) - (나) - (라) - (다)
③ (나) - (가) - (다) - (라)
④ (나) - (라) - (다) - (가)

해설
비 오는 날 생긴 일에 대한 글입니다. 각 문장의 중심 단어를 찾아 연결하면 순서를 찾을 수 있습니다. (가) 문장 "집에 가는데 갑자기 비가 내렸습니다."로 이야기가 시작합니다. '비'는 (나)의 "우산이 없어서"로 연결됩니다. (나)의 "마트 앞에 서 있었습니다."는 (라)의 '그때'로 연결됩니다. (라)의 "옆집에 사는 아이"는 (다)에서 '그 아이'로 연결됩니다. 따라서 정답은 ② '(가) – (나) – (라) – (다)'입니다.

58 알맞은 순서로 배열한 것 고르기

(가) 그런데 이것은 다이어트에 좋은 방법이 아닙니다.
(나) 그래서 나중에 더 많은 음식을 먹게 되기 때문입니다.
(다) 다이어트를 하려고 음식을 조금만 먹는 사람들이 있습니다.
(라) 음식을 조금만 먹으면 계속 배가 고파서 스트레스를 받습니다.

① (나) - (다) - (가) - (라)
② (나) - (라) - (다) - (가)
✔ (다) - (가) - (라) - (나)
④ (다) - (라) - (나) - (가)

해설
다이어트와 음식에 대한 글입니다. 문장 속 중요한 단어와 문장을 연결하는 말을 보면 정답을 찾기 쉽습니다. (다) 문장에서 "다이어트를 하려고 음식을 조금만 먹는 사람들이 있습니다."라고 했습니다. 그래서 (다) 문장이 시작 문장이 됩니다. 그리고 (가)에서 "이것은 다이어트에 좋은 방법이 아닙니다."라고 했습니다. (가)의 "이것은" (다)의 "음식을 조금만 먹는 것"을 말합니다. 이 표현은 (라)에서 다시 찾을 수 있습니다. (라)에서 "음식을 조금만 먹으면 스트레스를 받는다."라고 말했습니다. 이것은 (나)의 "더 많은 음식을 먹게 된다."로 연결됩니다. 따라서 정답은 ③ '(다) – (가) – (라) – (나)'입니다.

[59-60] 글을 읽고 물음에 답하기

저는 잠을 잘 때 꿈을 자주 꿉니다. (㉠) 어제는 호랑이가 나오는 꿈을 꿨는데 너무 무서웠습니다. (㉡) 한국 친구에게 말하니까 호랑이 꿈의 의미를 설명해 줬습니다. (㉢) 그리고 다른 동물들도 의미가 있습니다. (㉣) 우리 나라와 꿈의 의미가 달라서 재미있었습니다.

59 문장이 들어갈 위치 고르기

한국에서는 꿈에 나오는 호랑이는 건강한 아들을 의미합니다.

① ㉠ ② ㉡
✔ ③ ㉢ ④ ㉣

해설

주어진 문장은 '한국에서는'으로 시작합니다. 그래서 앞에는 한국과 관계있는 내용이 나와야 합니다. (㉢)의 앞 문장에 "한국 친구에게 말하니까 호랑이 꿈의 의미를 설명해 줬습니다."라는 문장이 있습니다. 친구가 설명해 줬기 때문에 호랑이 꿈의 의미를 알게 되었습니다. 따라서 정답은 ③ '㉢'입니다.

60 일치하는 내용 고르기

① 저는 무서운 꿈을 자주 꿉니다.
→ 저는 꿈을 자주 꿉니다.
✔ ② 친구는 호랑이 꿈의 의미를 잘 압니다.
③ 우리 나라의 꿈 이야기가 재미있습니다.
→ 꿈의 의미가 우리 나라와 다릅니다.
④ 꿈에 나오는 동물은 모두 같은 의미가 있습니다.
→ 다른 동물들도 의미가 있지만 모두 같은 의미인지 알 수 없습니다.

[61-62] 글을 읽고 물음에 답하기

어제 특별한 서점에 갔습니다. 이 서점에서는 사장님이 추천해 주고 싶은 책만 팝니다. 그래서 보통 큰 서점에서 파는 인기 있는 책은 이 서점에서는 (㉠). 사장님이 매달 소개하는 책만 파는데 저도 한 권 샀습니다. 이번 달에는 봄에 어울리는 책을 팔고 있는데 저는 벌써 다음 달에 팔 책도 궁금해졌습니다.

61 빈 칸에 알맞은 말 고르기

① 사야 합니다
✔ ② 살 수 없습니다
③ 사기 때문입니다
④ 사기로 했습니다

해설

(㉠)의 앞 문장에는 "사장님이 추천해 주고 싶은 책만 팝니다."라고 했고 뒤 문장에서도 "사장님이 매달 소개하는 책만 파는데"라고 했습니다. 이 서점에서는 여러 가지 책을 팔지 않습니다. 그래서 큰 서점에서 파는 인기 있는 책은 살 수 없습니다. 따라서 정답은 ② '살 수 없습니다'입니다.

62 일치하는 내용 고르기

✔ ① 이 서점은 보통 서점과 다릅니다.
② 이 서점은 매달 같은 책을 팝니다.
→ 이 서점은 사장님이 매달 소개하는 책을 팝니다.
③ 저는 크고 인기 있는 서점에 갔습니다.
→ 저는 특별한 서점에 갔습니다.
④ 저는 요즘 사람들이 많이 사는 책을 샀습니다.
→ 저는 사장님이 소개하는 책을 샀습니다.

[63-64] 글을 읽고 물음에 답하기

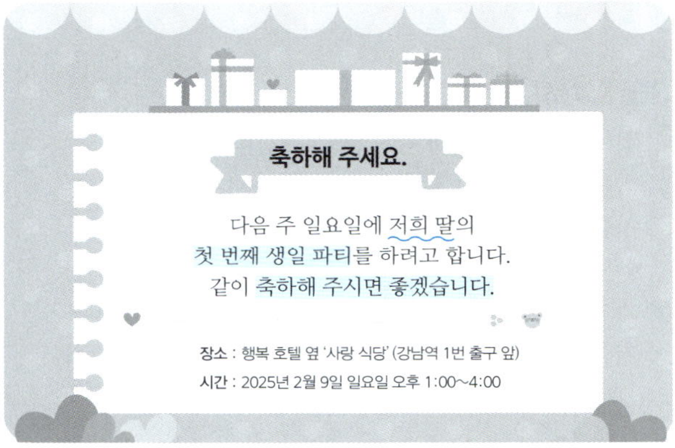
축하해 주세요.
다음 주 일요일에 저희 딸의
첫 번째 생일 파티를 하려고 합니다.
같이 축하해 주시면 좋겠습니다.
장소 : 행복 호텔 옆 '사랑 식당' (강남역 1번 출구 앞)
시간 : 2025년 2월 9일 일요일 오후 1:00~4:00

63 글의 목적 고르기

① 돌잔치를 취소하려고
✔ ② 돌잔치에 초대하려고
③ 돌잔치 장소를 바꾸려고
④ 돌잔치 시간을 물어보려고

해설

글을 쓴 이유를 찾는 문제입니다. 글에서 딸의 첫 번째 생일 파티에 와서 축하해 달라고 했습니다. 첫 번째 생일은 한국에서 '돌'이라고 하고, 첫 번째 생일 파티는 '돌잔치'라고 합니다. 따라서 정답은 ② '돌잔치에 초대하려고'입니다.

64 일치하는 내용 고르기

✔ ① 제 아이는 여자입니다.
② 호텔에서 생일 파티를 합니다.
→ 호텔 옆 식당에서 합니다.
③ 생일 파티는 한 시에 끝납니다.
→ 생일 파티는 한 시에 시작해서 네 시에 끝납니다.
④ 제 생일은 다음 주 일요일입니다.
→ 아이의 생일입니다.

[65-66] 글을 읽고 물음에 답하기

기숙사에는 특별한 책장이 있습니다. 자기에게는 (㉠) 다른 사람에게는 필요한 책을 그 책장에 넣으면 됩니다. 그리고 기숙사에 사는 사람은 모두 그 책장의 책을 가져가도 됩니다. 저도 지난번에 그 책장에 있는 책을 한 번 읽어 본 적이 있습니다. 다른 사람과 서로 마음을 나눌 수 있고 버리는 책도 줄어서 좋은 것 같습니다.

65 빈칸에 알맞은 말 고르기

① 살 수 없지만
② 너무 비싸지만
③ 읽은 적 없지만
✔ 필요하지 않지만

해설

(㉠)에는 문법 'A/V-지만'이 사용됩니다. 이 문법은 '반대'를 나타냅니다. (㉠) 뒤에 "다른 사람에게는 필요한"이라는 내용이 있으니까 앞에는 이것과 반대되는 내용이 와야 합니다. 따라서 정답은 ④ '필요하지 않지만'입니다.

66 일치하는 내용 고르기

① 저는 이 책장이 필요하지 않습니다.
→ 이 책장은 기숙사 학생들에게 특별합니다.
② 저는 이 책장의 책을 자주 읽습니다.
→ 저는 이 책장의 책을 한 번 읽어 봤습니다.
✔ 기숙사 학생들은 모두 이 책장을 사용할 수 있습니다.
④ 기숙사 학생들은 이 책장의 책을 돈을 주고 사야 합니다.
→ 기숙사 학생들은 돈을 내지 않고 가져가도 됩니다.

[67-68] 글을 읽고 물음에 답하기

보통 날씨가 더우면 사람들은 시원한 음식을 찾게 됩니다. 그러나 한국 사람들은 더운 여름에 삼계탕처럼 뜨거운 음식을 즐겨 먹습니다. 삼계탕을 먹으면서 "시원하다."라는 말도 합니다. 뜨거운 음식을 먹은 후에는 땀이 많이 나는데 그때 몸 안의 열도 밖으로 같이 나오게 됩니다. 이렇게 (㉠) 우리의 몸이 시원해집니다. 그렇기 때문에 한국 사람들이 더운 날씨에도 뜨거운 음식을 먹는 것입니다.

67 빈칸에 알맞은 말 고르기

① 음식이 시원하니까
✔ 땀과 열이 나오니까
③ 날씨가 많이 더우니까
④ 건강한 음식을 먹으니까

해설

(㉠)의 앞에서 "이렇게"라고 말하고 (㉠)의 뒤에서 "우리의 몸이 시원해집니다."라고 했습니다. '이렇게'는 (㉠)의 앞 문장을 보면 알 수 있습니다. '이렇게'는 '땀이 많이 나는데 그때 몸 안의 열이 밖으로 같이 나오게 되는 것'을 말합니다. 따라서 정답은 ② '땀과 열이 나오니까'입니다.

68 일치하는 내용 고르기

① 삼계탕은 시원한 음식입니다.
→ 삼계탕은 뜨거운 음식입니다.
② 시원한 음식을 먹으면 땀이 많이 납니다.
→ 뜨거운 음식을 먹으면 땀이 많이 납니다.
✔ 한국 사람들은 여름에 뜨거운 것을 먹습니다.
④ 냉면을 먹으면 열이 밖으로 나와서 시원해집니다.
→ 뜨거운 음식을 먹으면 열이 밖으로 나옵니다.

[69-70] 글을 읽고 물음에 답하기

저는 작년에 해외여행을 갔습니다. 한 도시에서 길을 잃어버렸습니다. 그때 경찰의 도움으로 호텔을 찾을 수 있었습니다. 어떤 친절한 부부는 저를 집에 초대해 줬습니다. 우리는 맛있는 식사도 하고 재미있게 이야기도 했습니다. 그들은 "우리 나라에 다시 오면 꼭 연락하세요."라며 작은 선물도 줬습니다. 제가 여행을 할 때 사람들은 항상 (㉠). 그래서 저도 다른 사람에게 도움을 주는 사람이 되려고 합니다.

69 빈칸에 알맞은 말 고르기

① 길을 잃어버립니다
② 재미있는 이야기를 합니다
✔ 저를 도와주려고 노력합니다
④ 같이 맛있는 음식을 먹습니다

해설

(㉠)의 뒤에 "저도 다른 사람에게 도움을 주는 사람이 되려고 합니다."라고 했습니다. 그래서 (㉠)에는 다른 사람들이 이 사람에게 도움을 준 내용이 와야 합니다. 따라서 정답은 ③ '저를 도와주려고 노력합니다'입니다.

70 일치하는 내용 고르기

① 부부는 여행을 왔습니다.
→ 저는 해외여행을 갔습니다.
✔ 경찰은 길을 찾아 줬습니다.
③ 저는 부부를 집에 초대했습니다.
→ 부부가 저를 집에 초대하였습니다.
④ 저는 해외에 간 경험이 없습니다.
→ 저는 해외여행을 간 경험이 있습니다.

절취선

FAST PASS TOPIK I
실전 모의고사
듣기, 읽기

성 명 (Name)	한국어 (korean)	
	영 어 (Enlglish)	

수 험 번 호

						7						
0	0	0	0	0	0		0	0	0	0	0	0
1	1	1	1	1	1		1	1	1	1	1	1
2	2	2	2	2	2		2	2	2	2	2	2
3	3	3	3	3	3		3	3	3	3	3	3
4	4	4	4	4	4		4	4	4	4	4	4
5	5	5	5	5	5		5	5	5	5	5	5
6	6	6	6	6	6		6	6	6	6	6	6
7	7	7	7	7	7	●	7	7	7	7	7	7
8	8	8	8	8	8		8	8	8	8	8	8
9	9	9	9	9	9		9	9	9	9	9	9

문제지 유형 (Type)	
홀수형 (Odd number type)	○
짝수형 (Even number type)	○

※ 결 시 확인란	결시자의 영어 성명 및 수험번호 기재 후 표기	○
※ 감독관 확 인	본인 및 수험번호 표기가 정확한지 확인	(인)

번호	답		란	
1	①	②	③	④
2	①	②	③	④
3	①	②	③	④
4	①	②	③	④
5	①	②	③	④
6	①	②	③	④
7	①	②	③	④
8	①	②	③	④
9	①	②	③	④
10	①	②	③	④
11	①	②	③	④
12	①	②	③	④
13	①	②	③	④
14	①	②	③	④
15	①	②	③	④
16	①	②	③	④
17	①	②	③	④
18	①	②	③	④
19	①	②	③	④
20	①	②	③	④

번호	답		란	
21	①	②	③	④
22	①	②	③	④
23	①	②	③	④
24	①	②	③	④
25	①	②	③	④
26	①	②	③	④
27	①	②	③	④
28	①	②	③	④
29	①	②	③	④
30	①	②	③	④
31	①	②	③	④
32	①	②	③	④
33	①	②	③	④
34	①	②	③	④
35	①	②	③	④
36	①	②	③	④
37	①	②	③	④
38	①	②	③	④
39	①	②	③	④
40	①	②	③	④

번호	답		란	
41	①	②	③	④
42	①	②	③	④
43	①	②	③	④
44	①	②	③	④
45	①	②	③	④
46	①	②	③	④
47	①	②	③	④
48	①	②	③	④
49	①	②	③	④
50	①	②	③	④
51	①	②	③	④
52	①	②	③	④
53	①	②	③	④
54	①	②	③	④
55	①	②	③	④
56	①	②	③	④
57	①	②	③	④
58	①	②	③	④
59	①	②	③	④
60	①	②	③	④

번호	답		란	
61	①	②	③	④
62	①	②	③	④
63	①	②	③	④
64	①	②	③	④
65	①	②	③	④
66	①	②	③	④
67	①	②	③	④
68	①	②	③	④
69	①	②	③	④
70	①	②	③	④

절취선

FAST PASS TOPIK I
실전 모의고사
듣기, 읽기

성 명 (Name)	한국어 (korean)	
	영 어 (Enlgish)	

수 험 번 호												
						7						
0	0	0	0	0	0		0	0	0	0	0	0
1	1	1	1	1	1		1	1	1	1	1	1
2	2	2	2	2	2		2	2	2	2	2	2
3	3	3	3	3	3		3	3	3	3	3	3
4	4	4	4	4	4		4	4	4	4	4	4
5	5	5	5	5	5		5	5	5	5	5	5
6	6	6	6	6	6		6	6	6	6	6	6
7	7	7	7	7	7	●	7	7	7	7	7	7
8	8	8	8	8	8		8	8	8	8	8	8
9	9	9	9	9	9		9	9	9	9	9	9

문제지 유형 (Type)	
홀수형 (Odd number type)	○
짝수형 (Even number type)	○

※ 결 시 확인란	결시자의 영어 성명 및 수험번호 기재 후 표기	○

※ 감독관 확 인	본인 및 수험번호 표기가 정확한지 확인	(인)

번호	답 란				번호	답 란				번호	답 란				번호	답 란			
1	①	②	③	④	21	①	②	③	④	41	①	②	③	④	61	①	②	③	④
2	①	②	③	④	22	①	②	③	④	42	①	②	③	④	62	①	②	③	④
3	①	②	③	④	23	①	②	③	④	43	①	②	③	④	63	①	②	③	④
4	①	②	③	④	24	①	②	③	④	44	①	②	③	④	64	①	②	③	④
5	①	②	③	④	25	①	②	③	④	45	①	②	③	④	65	①	②	③	④
6	①	②	③	④	26	①	②	③	④	46	①	②	③	④	66	①	②	③	④
7	①	②	③	④	27	①	②	③	④	47	①	②	③	④	67	①	②	③	④
8	①	②	③	④	28	①	②	③	④	48	①	②	③	④	68	①	②	③	④
9	①	②	③	④	29	①	②	③	④	49	①	②	③	④	69	①	②	③	④
10	①	②	③	④	30	①	②	③	④	50	①	②	③	④	70	①	②	③	④
11	①	②	③	④	31	①	②	③	④	51	①	②	③	④					
12	①	②	③	④	32	①	②	③	④	52	①	②	③	④					
13	①	②	③	④	33	①	②	③	④	53	①	②	③	④					
14	①	②	③	④	34	①	②	③	④	54	①	②	③	④					
15	①	②	③	④	35	①	②	③	④	55	①	②	③	④					
16	①	②	③	④	36	①	②	③	④	56	①	②	③	④					
17	①	②	③	④	37	①	②	③	④	57	①	②	③	④					
18	①	②	③	④	38	①	②	③	④	58	①	②	③	④					
19	①	②	③	④	39	①	②	③	④	59	①	②	③	④					
20	①	②	③	④	40	①	②	③	④	60	①	②	③	④					

절취선

FAST PASS TOPIK I
실전 모의고사
듣기, 읽기

성 명 (Name)	한국어 (korean)	
	영 어 (Enlglish)	

수 험 번 호

						7					
0	0	0	0	0	0		0	0	0	0	0
1	1	1	1	1	1		1	1	1	1	1
2	2	2	2	2	2		2	2	2	2	2
3	3	3	3	3	3		3	3	3	3	3
4	4	4	4	4	4		4	4	4	4	4
5	5	5	5	5	5		5	5	5	5	5
6	6	6	6	6	6		6	6	6	6	6
7	7	7	7	7	7	●	7	7	7	7	7
8	8	8	8	8	8		8	8	8	8	8
9	9	9	9	9	9		9	9	9	9	9

문제지 유형 (Type)	
홀수형 (Odd number type)	○
짝수형 (Even number type)	○

※ 결 시 확인란	결시자의 영어 성명 및 수험번호 기재 후 표기	○

※ 감독관 확 인	본인 및 수험번호 표기가 정확한지 확인	(인)

번호	답 란			
1	①	②	③	④
2	①	②	③	④
3	①	②	③	④
4	①	②	③	④
5	①	②	③	④
6	①	②	③	④
7	①	②	③	④
8	①	②	③	④
9	①	②	③	④
10	①	②	③	④
11	①	②	③	④
12	①	②	③	④
13	①	②	③	④
14	①	②	③	④
15	①	②	③	④
16	①	②	③	④
17	①	②	③	④
18	①	②	③	④
19	①	②	③	④
20	①	②	③	④

번호	답 란			
21	①	②	③	④
22	①	②	③	④
23	①	②	③	④
24	①	②	③	④
25	①	②	③	④
26	①	②	③	④
27	①	②	③	④
28	①	②	③	④
29	①	②	③	④
30	①	②	③	④
31	①	②	③	④
32	①	②	③	④
33	①	②	③	④
34	①	②	③	④
35	①	②	③	④
36	①	②	③	④
37	①	②	③	④
38	①	②	③	④
39	①	②	③	④
40	①	②	③	④

번호	답 란			
41	①	②	③	④
42	①	②	③	④
43	①	②	③	④
44	①	②	③	④
45	①	②	③	④
46	①	②	③	④
47	①	②	③	④
48	①	②	③	④
49	①	②	③	④
50	①	②	③	④
51	①	②	③	④
52	①	②	③	④
53	①	②	③	④
54	①	②	③	④
55	①	②	③	④
56	①	②	③	④
57	①	②	③	④
58	①	②	③	④
59	①	②	③	④
60	①	②	③	④

번호	답 란			
61	①	②	③	④
62	①	②	③	④
63	①	②	③	④
64	①	②	③	④
65	①	②	③	④
66	①	②	③	④
67	①	②	③	④
68	①	②	③	④
69	①	②	③	④
70	①	②	③	④

절취선

FAST PASS TOPIK I
실전 모의고사
듣기, 읽기

성 명 (Name)		
	한국어 (korean)	
	영 어 (Enlglish)	

수험번호											
						7					
0	0	0	0	0	0		0	0	0	0	0	0
1	1	1	1	1	1		1	1	1	1	1	1
2	2	2	2	2	2		2	2	2	2	2	2
3	3	3	3	3	3		3	3	3	3	3	3
4	4	4	4	4	4		4	4	4	4	4	4
5	5	5	5	5	5		5	5	5	5	5	5
6	6	6	6	6	6		6	6	6	6	6	6
7	7	7	7	7	7	●	7	7	7	7	7	7
8	8	8	8	8	8		8	8	8	8	8	8
9	9	9	9	9	9		9	9	9	9	9	9

문제지 유형 (Type)	
홀수형 (Odd number type)	○
짝수형 (Even number type)	○

※ 결 시 확인란	결시자의 영어 성명 및 수험번호 기재 후 표기	○

※ 감독관 확 인	본인 및 수험번호 표기가 정확한지 확인	(인)

번호	답		란	
1	1	2	3	4
2	1	2	3	4
3	1	2	3	4
4	1	2	3	4
5	1	2	3	4
6	1	2	3	4
7	1	2	3	4
8	1	2	3	4
9	1	2	3	4
10	1	2	3	4
11	1	2	3	4
12	1	2	3	4
13	1	2	3	4
14	1	2	3	4
15	1	2	3	4
16	1	2	3	4
17	1	2	3	4
18	1	2	3	4
19	1	2	3	4
20	1	2	3	4

번호	답		란	
21	1	2	3	4
22	1	2	3	4
23	1	2	3	4
24	1	2	3	4
25	1	2	3	4
26	1	2	3	4
27	1	2	3	4
28	1	2	3	4
29	1	2	3	4
30	1	2	3	4
31	1	2	3	4
32	1	2	3	4
33	1	2	3	4
34	1	2	3	4
35	1	2	3	4
36	1	2	3	4
37	1	2	3	4
38	1	2	3	4
39	1	2	3	4
40	1	2	3	4

번호	답		란	
41	1	2	3	4
42	1	2	3	4
43	1	2	3	4
44	1	2	3	4
45	1	2	3	4
46	1	2	3	4
47	1	2	3	4
48	1	2	3	4
49	1	2	3	4
50	1	2	3	4
51	1	2	3	4
52	1	2	3	4
53	1	2	3	4
54	1	2	3	4
55	1	2	3	4
56	1	2	3	4
57	1	2	3	4
58	1	2	3	4
59	1	2	3	4
60	1	2	3	4

번호	답		란	
61	1	2	3	4
62	1	2	3	4
63	1	2	3	4
64	1	2	3	4
65	1	2	3	4
66	1	2	3	4
67	1	2	3	4
68	1	2	3	4
69	1	2	3	4
70	1	2	3	4

MEMO

MEMO

MEMO

FAST PASS TOPIK I 실전 모의고사 정답 및 해설집

지은이 황효영, 장소영, 나원주
펴낸이 정규도
펴낸곳 (주)다락원

초판 1쇄 인쇄 2025년 6월 5일
초판 1쇄 발행 2025년 6월 12일

편집 이숙희, 손여람, 오지은
디자인 김민지, 박희수, 안성민
녹음 김성희, 유선일

내용문의 (02)736-2031 내선 420~426
구입문의 (02)736-2031 내선 250~252
Fax. (02)732-2037
출판등록 1977년 9월 16일 제406-2008-000007호

ISBN 978-89-277-3349-2 14710
978-89-277-3339-3 (SET)

http://www.darakwon.co.kr
http://koreanbooks.darakwon.co.kr

다락원 홈페이지를 방문하시면 상세한 출판 정보와 함께
MP3 자료 등 다양한 어학 정보를 얻으실 수 있습니다.

FAST PASS TOPIK I 실전 모의고사

유학, 취업, 정착 등 한국어를 배우는 목적이 점점 다양해지고 있습니다. 이에 따라 TOPIK은 한국어 실력을 객관적으로 증명하는 중요한 시험으로 자리 잡았습니다. 그중에서도 TOPIK I 은 초급 학습자들이 자신의 실력을 확인하고 다음 단계로 나아가기 위한 첫 관문입니다. 이번에 출간되는 *"FAST PASS TOPIK I 실전 모의고사"*는 그런 초급 학습자들의 눈높이에 맞춰 구성된 교재입니다. 기존에 *"FAST PASS TOPIK II 실전 모의고사"*와 마찬가지로 실제 시험과 유사한 문제 구성은 물론, 상세한 해설을 담은 '정답 및 해설집'이 별책으로 제공됩니다. 여기에 저자가 직접 문제 유형을 설명하는 동영상 강의까지 더해져, 독학 학습자에게 실질적인 도움이 될 것입니다. 특히 이번에는 영어 해설이 추가되어, 한국어가 아직 익숙하지 않은 학습자도 부담 없이 활용할 수 있습니다. TOPIK I 을 준비하는 모든 초급 학습자에게 이 교재가 실력을 점검하고 자신감을 쌓는 든든한 길잡이가 되기를 바라면서 자신 있게 추천합니다.

김영규
이화여자대학교 국제대학원 한국학과 교수

TOPIK I 은 한국어를 배우는 외국인 학습자가 가장 먼저 마주하게 되는 관문이자, 자신의 한국어 실력을 객관적으로 증명할 수 있는 지표가 되는 중요한 시험입니다. 그러나 실전 대비를 위한 적절한 교재를 찾는 일은 생각보다 쉽지 않습니다. 이런 점에서 *"FAST PASS TOPIK I 실전 모의고사"*는 학습자와 교사 모두에게 반가운 교재입니다. 실제 시험과 유사한 문제 구성 덕분에 처음 TOPIK I 을 준비하는 학습자도 자연스럽게 실전 감각을 익힐 수 있고, 각 문항에 이어지는 해설과 강의 자료를 통해 부담없이 차근차근 시험을 준비할 수 있을 것입니다. 특히 해외 대학의 한국어 수업 현장에서는 TOPIK II 응시가 드물기 때문에, TOPIK I 을 위한 이 교재의 출간은 더욱 반갑게 느껴집니다. TOPIK I 을 처음 준비하는 학습자에게는 마지막 점검용 교재로, 그리고 TOPIK 수업을 맡은 교사에게는 믿고 활용할 수 있는 자료로 권하고 싶습니다.

이지은
독일 프랑크푸르트 괴테대학교 한국어 강사

제가 처음 한국어를 배울 때 TOPIK I 시험을 준비한 적이 있습니다. 하지만 그때는 교재가 많지 않아, 이미 풀어본 기출문제를 반복해서 풀 수밖에 없었습니다. 실제 시험과 비슷한 구성의 TOPIK I 교재가 더 많이 있었으면 좋겠다고 늘 아쉬워했던 기억이 납니다. 그래서 *"FAST PASS TOPIK I 실전 모의고사"* 같은 책이 그때도 있었더라면 좋았겠다는 생각이 듭니다. 실제 시험과 유사한 문제는 물론, 문제 유형을 설명한 동영상 강의도 제공되어 TOPIK을 처음 준비하는 분들에게 특히 도움이 될 것입니다. 또 3회분으로 구성되어 있어 가볍다는 점도 좋습니다. 과거의 저와 같은 고민을 하는 초급 학습자들에게, 부담없이 TOPIK 시험 준비를 시작하거나 가볍게 마무리용으로 풀 수 있는 이 책을 소개하고 싶습니다.

응우옌 황 마이 와잉
베트남 하노이대학교 졸업생

가격 **19,000**원
(본책 + 무료 MP3 + 무료 동영상 강의 + 무료 영어 해설 PDF)

14710
ISBN 978-89-277-3349-2
978-89-277-3339-3 (SET)